JN281442

監修者――五味文彦／佐藤信／高埜利彦／宮地正人／吉田伸之

［カバー表写真］
薬師寺発掘遺構
(西塔跡と東塔)

［カバー裏写真］
薬師寺出土の軒瓦

［扉写真］
山田寺金堂・塔跡

岡本東三
Okamoto Tōzō

古代寺院の成立と展開

日本史リブレット17

目次

仏教伝来の意味するもの———1

①
仏教受容の原風景———6
受容時の王権の態度／古墳から寺院へ／仏教受難の道のり／王都飛鳥につくられた寺院

②
「法の興りし寺」飛鳥寺建立———22
飛鳥寺の造営過程／寺院造営の新技術と基準尺／伽藍の建設／飛鳥寺式伽藍と四天王寺式伽藍／瓦からみた初期寺院の実態

③
大王家の寺々と国家仏教へ———44
大王家の寺—百済大寺／吉備池廃寺の発掘／大化改新と仏教政策／大臣の寺—山田寺と安倍寺／山田寺式軒瓦の地方への波及

④
国家仏教への道———64
天智朝の寺院—川原寺と南滋賀廃寺／川原寺式軒瓦の広がり—観世音寺と下野薬師寺／再建法隆寺の年代／法隆寺西院伽藍と法隆寺式軒瓦／天武朝の仏教奨励策—藤原京内の寺院

⑤
鎮護国家の寺々—国分寺の造営———84
平城京の七大寺／寺院併合令／大仏造立と東大寺の造営／鎮護国家—国分寺造営／農村につくられた寺

仏教伝来の意味するもの

日本列島における文化の特質は、東アジアの文化を受容しながら列島内の大きな変革期を迎え、歴史的な発展を遂げてきた点にある。人類が列島に移住を始めた時代から、先土器時代終末の細石器文化の流入、土器をもった縄文文化の成立、農耕文化受容による弥生文化の成立を経て階級的社会が、やがて「古代国家」の原形ができあがる。

「古代国家」の成立を三世紀の邪馬台国《やまたいこく》にみるのか、五世紀の倭の五王の時代にみるのか、七世紀末の律令国家にみるのか、古代史上の大きな争点であるが、大陸の文化を朝貢《ちょうこう》という外交交渉で摂取し始めるのは、紀元前後の弥生時代からである。後漢の光武帝《こうぶてい》から印綬された紀元前一世紀の奴国王《なこくおう》、「親魏倭王《しんぎわおう》」とされた三世紀の卑弥呼《ひみこ》、「安東将軍倭国王《あんとうしょうぐんわこくおう》」と称される五世紀の倭の五王の各時代、いずれも中国王朝の冊封体制《さくほうたいせい》▲といわれる支配秩序に参画し、列島における支配の権威と正当性を保証しようとした極めて政治的な外交行為といえよう。以降、列島の「国のかたち」を自覚した公的な外交ルートによる文物・文化・制度の受容の在り方は、極めて政治的な意味合いをもっているのである。

こうした大陸文化受容のメカニズムは、大陸・半島・島という地理的環境によって大きく規定されただけではない。列島に住む人々が弥生時代以降、文化的環境や大陸から渡ってきた渡来人や渡来氏族と混血を繰り返しつつも、大陸や半島部の国々に征服されることなく、海に囲まれた列島独自の文化を構築して来たのである。すなわちその主人公が変わることなく、列島内の諸矛盾を大陸文化受容という外的要因によって変容を遂げる文化構造に、列島の歴史的特質を見いだすことができる。それは、これから述べる仏教の受容をはじめ、遣隋使・遣唐使による律令国家への道程、中世の元寇、近代化を迎える明治時代の文明開化期、敗戦後の米国文化・制度の導入と、今日まで列島の文化受容のメカニズムが貫徹されていることを認識しなければならない。

▼**冊封体制**　中国皇帝を中心とした国際秩序・外交関係。周辺諸国の王に爵位・称号等を与え、臣下としてその統治権が承認される体制。臣下となった諸国の王は、定期的に使者や貢物を送る朝貢が義務付けられた。

六世紀になると中国王朝との外交交渉はいったん途絶えたようにみえる。それは五八九年に隋が中国を統一する前段階、魏晋南北朝時代末期の揺籃期を迎えていたからにほかならない。特に北朝の動乱は朝鮮半島の高句麗《こうくり》・新羅《しらぎ》・百済《くだら》三国にも軍事的な緊張関係をもたらした。いわゆる「任那日本府《みまなにほんふ》」▲としてヤマト政権の影響力を行使してきた加羅《から》諸国の存亡にもかかわっていったのである。また、国内的にも、五二七年の新羅と結託した筑紫君磐井《つくしのきみいわい》の反乱、五三四年の武蔵国造の争い、継体天皇没後の継承問題など、内外ともに不安定な国情を抱えていた。このようにみると、まさに中国王朝の支配秩序の混乱が半島部に連鎖し、海を越えて列島にまで波及していることがわかる。

こうした六世紀の外交交渉の相手は、加羅諸国と国境を接する百済である。五一二年、その国境地帯の任那四県が百済に割譲される。のちに、この一件により対外政策を担っていた大連《おおむらじ》大伴金村《おおとものかなむら》が失脚する。また、高句麗や新羅に侵略された百済はヤマト政権にたびたび援軍を求め、少なくとも五回の派兵が行なわれた(五一一・五二七・五三二・五五二・五六二年)。割譲や援軍の見返りとして百済からは、五経博士・医博士・易博士・暦博士・僧・採薬師・楽人など

▼**任那日本府**　六世紀、朝鮮半島南部の伽耶(加羅)におかれた機関。その実態については議論があるが、派遣された倭宰《やまとのみこともち》の官家や集団をさす。

がたびたび貢上されている(五一三・五一六・五四七・五五三・五五四年)。

こうした外交交渉の一環として、百済から日本列島に仏教が伝えられたのである。その伝来の年を、『日本書紀』は「壬申《じんしん》年」すなわち五五二(欽明十三)年とし、『上宮聖徳法王帝説《じょうぐうしょうとくほうおうていせつ》』▲『元興寺伽藍縁起幷流記資財帳《がんごうじがらんえんぎならびにるきしざいちょう》』▲は「戊午《ぼご》年」すなわち五三八年としている。ここでは公伝の年紀をめぐる史料批判や学説史についての紹介は省略し、「欽明朝に百済の聖明王《せいめいおう》(五二三〜五五四年)から、仏像・経典・僧(『書紀』では幡蓋《はたきぬがさ》)の三宝が伝えられた」とする共通認識の確認にとどめておきたい。

なぜならば、宗教的なイデオロギーは、当時の東アジア国際関係をみても、多くの渡来系氏族の中で公伝以前に浸透しつつあったと想定される。公伝の意味するところは紀年ではなく、仏教が政治的なイデオロギーに転化していく欽明朝の政治動向を考察することこそ重要なのである。また、百済仏教は南朝の東晋から伝わり(三八四年)、梁《りょう》の冊封下に入った武寧王《ぶねいおう》・聖明王の時代に隆盛した。仏教的文物にも南朝系の影響があることは、見のがしてはならない視点であろう。

▼**上宮聖徳法王帝説**　聖徳太子の伝記。七世紀中頃の史料を編集し、十一世紀中葉以前に集大成したもの。

▼**元興寺伽藍縁起幷流記資財帳**　七四七(天平十九)年、元興寺が僧綱に提出した創建の由来や資財・寺領などを記したもの。創建の由来は、豊浦寺の縁起をもとにつくられている。

● 釈迦如来像（奈良県飛鳥寺）

● 仏教の伝播

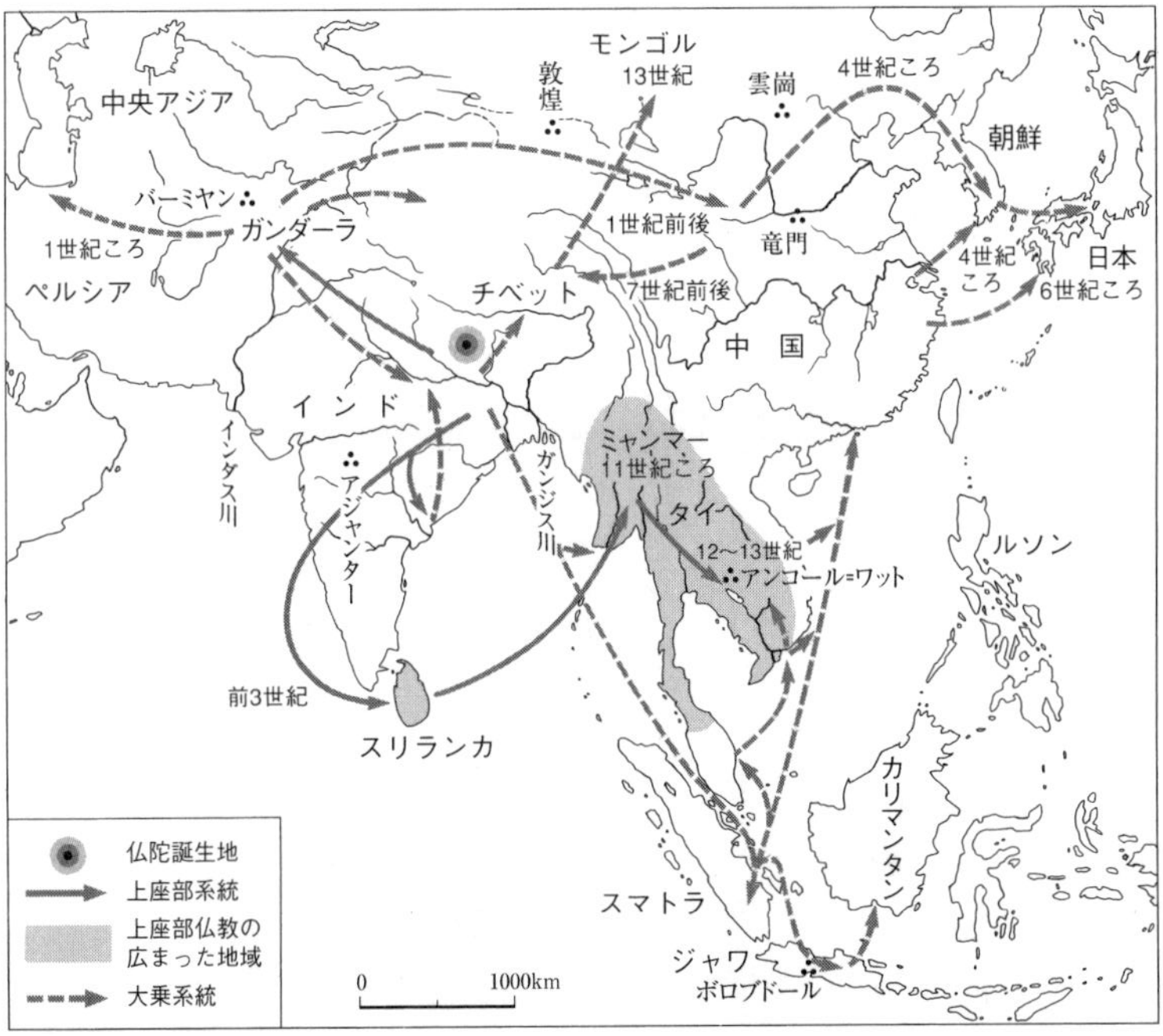

①―仏教受容の原風景

受容時の王権の態度

　聖明王から上表文とともに三宝が献上された時の様子を、『日本書紀』は次のように伝えている。欽明天皇は送られた仏像を前に、「西蕃《にしのとなりのくに》の献《たてまつ》れる仏の相貌端厳《かほきらぎら》し。全《もはら》ら未《いま》だ曾《かつ》て有《あら》ず」と驚嘆したという。日本列島の国神をはじめとした在来神は自然神であり、山川・巨石・巨木に宿ることや動物に化身することはあっても、元来、目に見えない神であった。それが偶像神として、国神を司る最高祭祀者である天皇の前に姿を現わしたのである。仏教はもともと「教主王従▲」の教えである。そのことを直感したかどうかは別にして、王権にとっては、畏怖を感じるほどのカルチャー・ショックであったに違いない。

　次いで、その場に居合わせた群臣を前にして、天皇は「礼《うやま》ふべきや不《いな》や」と問うたのである。蘇我稲目《そがのいなめ》は立ちて、「西蕃の諸国《くにぐに》、一《もはら》に皆礼《みなうやま》う。豊秋日本《とよあきつやまと》、あに独《ひと》り背《そむ》かむや」と主張した。公伝の意味合いは、まさに稲目の言葉に集約されている。古代国家にとって、東アジア共通の普遍的宗教を受容することは中

▼教主王従　仏教の教えに皇帝や大王も従うこと。

国王朝・朝鮮三国の関係においても、ヤマト政権の国際的基盤を保証する第一歩なのである。この稲目の提言はまさに国家的立場からの主張であり、本来、王権が果たすべき責務であったはずである。

これに対し、物部尾輿《もののべのおこし》・中臣鎌子《なかとみのかまこ》は、「今改《いまあらた》めて蕃神《あたしくにのかみ》を拝《おが》みたまはば、恐《おそ》るらくは国神《くにつかみ》の怒《いかり》を致《いた》したまはん」と反対した。これは本来、王権のもつ国神の祭祀権を死守する旧守的主張である。そこで、欽明天皇は試みに稲目に仏像を礼拝させることにした。これは王権みずからの判断を保留したまま、仏教の祭祀権を蘇我氏に仮託したことになる。仏教受容の第一幕は、王権と蘇我氏の権力関係や蘇我氏と物部氏の政治的対立の幕開けを表象しているに過ぎない。以降、欽明・敏達《びだつ》朝における仏教受難の説話は、疫疾の流行→仏像の棄却→仏の祟《たた》りという因果応報《いんがおうほう》の論理で語られている。この受難の第二幕は、ヤマト政権下における蘇我稲目・馬子の権力奪取と、それに抵抗する物部尾輿・守屋二代にわたる権力闘争史そのものである。

そして、用明《ようめい》天皇没後の五八七年、王位継承をめぐって第三幕がおとされた。ついに、物部氏の本拠地河内渋川で戦闘が始まったのである。その時、蘇我軍

●宝塚一号墳の船形埴輪

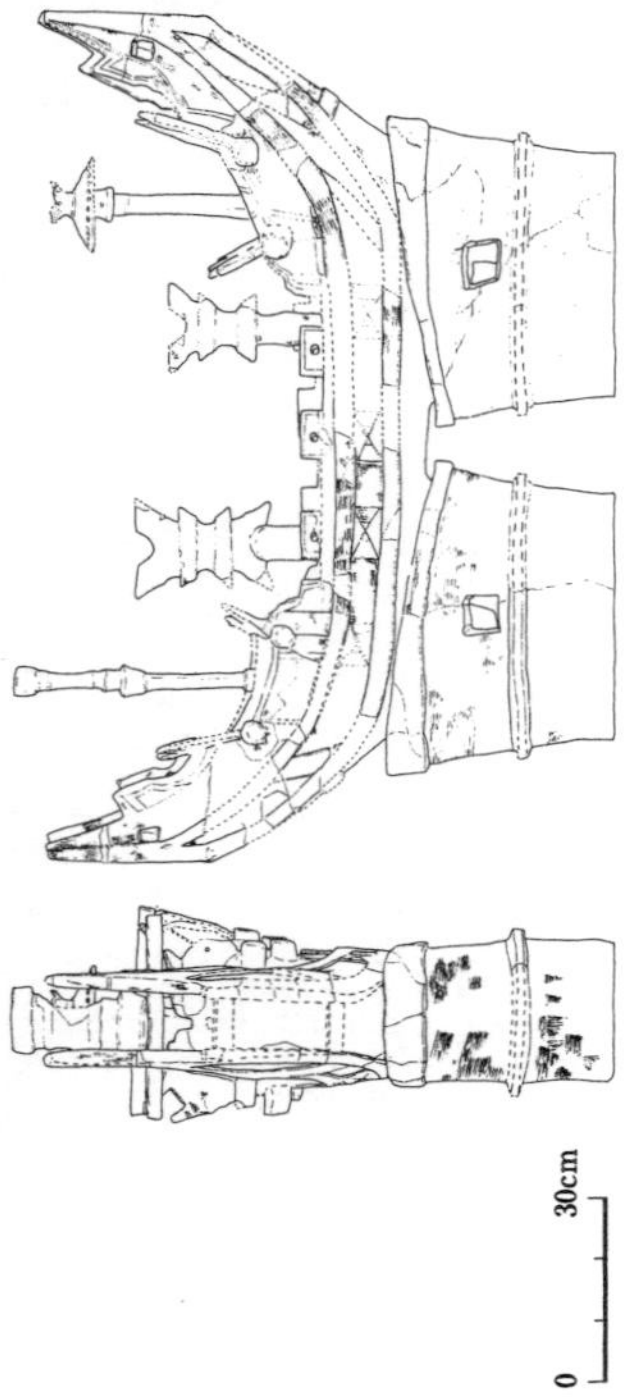

に加わっていた厩戸皇子《うまやどのみこ》（聖徳太子）が白膠木《ぬりで》で四天王像をつくり、「今《いま》若《も》し我《われ》をして敵《あた》に勝《か》たしめたまはば、必《かなら》ず護《ご》世《せ》四王《しおう》の奉為《みため》に、寺《て》塔《ら》を起《た》立てむ」と誓願した。あわせて馬子も誓いを立てた。この戦勝説話の後、厩戸皇子は四天王寺を、馬子は飛鳥《あすか》寺を建立する。寺院建立は戦勝記念のモニュメントであり、その造営は蘇我氏専制体制の政治的デモンストレーションであった。

こうした崇仏・排仏論争というかたちで語られた仏教の認証過程は、対外的には東アジアの国際秩序を共有する普遍的思想の受容、すなわちヤマト政権の「古代化」あるいは「文明開化」を意味し、国内的には仏教の祭祀権を握った蘇我氏中心の専横的な政治体制の確立をも意味していた。

古墳から寺院へ

近年、三重県松阪市にある、五世紀初頭の伊勢地域最大の前方後円墳、宝塚一号墳（全長一一〇メートル）から出土した大きな船形埴輪が注目されている。この埴輪はただの船形埴輪ではない。船体には挿込み式の土製の大刀・威杖・蓋などの立ち飾りが取り付けられている。船体中央には、奈良県天理市の東殿塚《ひがしとのづか》古墳の円筒埴輪に描かれた線刻船▲に見られるように、旗や幟が取り付けられていたと推定されている。この飾られた船は、被葬者の伊勢の王を運ぶ「死者の船」である。カミとなっていく王を他界に運ぶ「喪船《もせん》」を表象している。その他界観の根底には、舟葬《しゅうそう》▲すなわち船で遺体を流す海上他界観が形成されていたことを示す重要な証拠である。

出土したのは、北側墳丘の裾のくびれ部に設けられた方形の造出し遺構（約東西一三メートル・南北一〇メートル）と土橋でつながれた墳丘部との西側の入江部である。ちょうど船着場に船首を土橋に向けて停泊している状態で検出された。造出し遺構は家形埴輪などを配置した神聖な「王の館」であり、旅立った死後の王の空間を具現しているのであろう。同時に造出し遺構は葬送儀礼の斎場でもあった。このことは単に海上他界観にとどまらず、王位継承儀礼▲と密接に関連した葬送儀礼が確立していたことを意味している。

また、さきの東殿塚古墳の鳥付装飾線刻船（四世紀）をはじめ、大阪府藤井寺市林遺跡の鳥船形埴輪（五世紀）、千葉県館山市の大寺山《おおでらやま》洞穴の舟葬墓（五〜七世紀）、大分県国東市の鳥船器台《きだい》（六世紀）、福岡県うきは市の珍敷塚《めずらしづか》古墳の鳥船装

▼**線刻船**　一一ページ頭注参照。

▼**舟葬**　死者を舟に乗せて葬る風習。世界各地の海洋民族にみられる葬法。日本考古学界では否定的に扱われてきたが、近年の資料からみると舟葬の存在は動かし難い。

▼**王位継承儀礼**　古墳時代、王権を継承するための儀式は、つくられた前王の古墳の墓前祭祀を通して行なわれたと考えられている。

飾壁画(六世紀)など、またこれまでに全国で発見されている二〇例を越える船形埴輪は海上他界観や葬送のコスモロジーを表象する重要な葬送具として再評価する必要があろう。前方後円墳が全国に広がった背景には、前方後円墳体制▲と呼ばれる支配システムが、古墳の形や鏡や武具類の下賜物を通して政治的連合を保っただけでなく、ヤマト政権下で確立した王位継承儀礼や葬送儀礼が普遍化しつつあったことを意味している。

六世紀、仏教を受容した欽明天皇陵とされる奈良県橿原市の見《み》瀬《せ》丸山《まるやま》古墳(全長三一八メートル)を最後に、大王墓としての前方後円墳は姿を消し、受難説話にみられる造寺活動が開始される。東国でもやや遅れて七世紀はじめには前方後円墳体制は終わる。下総では前方後円墳の浅間山《せんげんやま》古墳を最後として、七世紀半ばには龍角寺《りゅうかくじ》が造営される。古墳はその後もつくられるが、前方後円墳という政治的モニュメントは終焉し、寺院造営という国家的モニュメントに変化するのである。この意味で「古墳から寺院へ」という認識は正しい。

すなわち、ヤマト政権の大王権や首長権の継承は、前方後円墳を造営しなくても、制度化された葬送儀礼を通して、その継承儀礼が確立されてきたことを

▼**前方後円墳体制**　三世紀につくられ始めた前方後円墳は、北は東北地方から南は九州南端にまで広がっている。その分布はヤマト政権との政治的関係を具現化している。

物語っている。「氏神《うじがみ》」あるいは「祖霊追善《それいついぜん》」を軸とした族的結合・継承や他界観は、仏教受容によって氏族的祭祀をも内包しつつ、仏の説く「天寿国《てんじゅこく》」という具体的他界観に導くのである。仏法の教えは、「祖霊追善」と「現世利益《げんぜりやく》」を軸に新たな国家秩序を模索し始め、次にくる中央集権的国家の基盤形成あるいは普遍的思想形成に大きな役割を果たしていくのである。この意味においても、仏教は国家的意識に基づいた受容であり、当初から国家的仏教であった。従来の「氏寺《うじでら》仏教」から「国家仏教」へ、「氏寺」から「官寺《かんじ》」へというこれまでの認識は改めなければならないであろう。

●—東殿塚古墳の線刻船

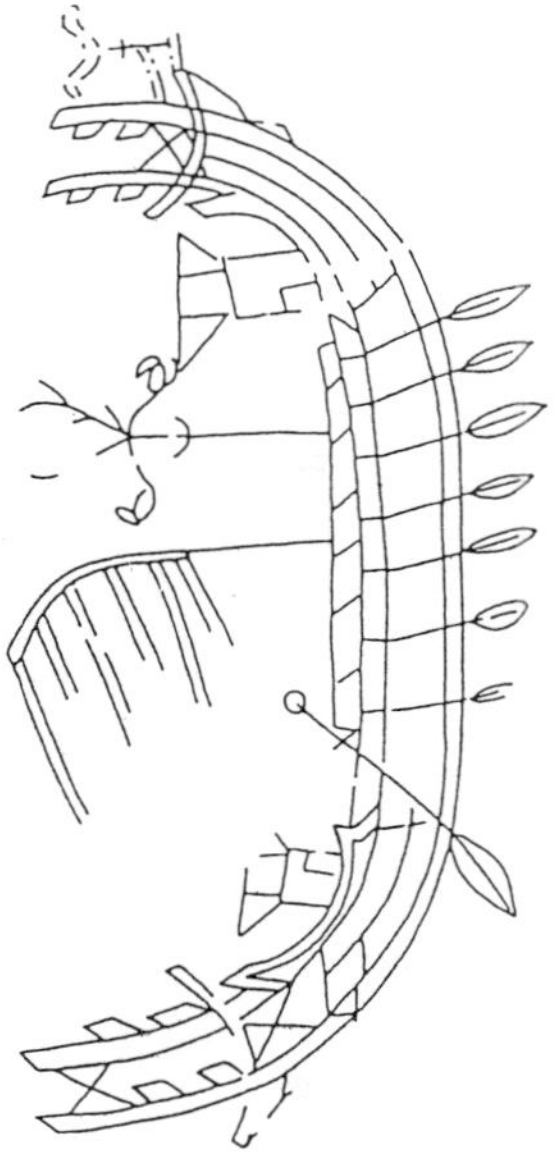

仏教受難の道のり

仏教が伝来した六世紀半ばから本格的寺院が建立される七世紀初頭の約半世紀の間、百済《くだら》から派遣された僧侶はどこに住み、どのような施設に仏像が安置されていたのであろうか。また、公伝以前に渡来系氏族はどのような施設をつくり仏教を信仰していたのであろうか。その実態はよくわからない。

平安時代末につくられた『扶桑略記《ふそうりゃっき》』▲によれば、五二二(継体十六)年に来日し

▼**扶桑略記**　平安後期に成立。仏教関係の記事が多く、その根拠となる出典を明記する。

年　代	事　項
585(敏達14)	2. 蘇我馬子、塔を大野丘の北に建て、達等感得の舎利を柱頭に納める(紀) 2. 蘇我馬子、止由良佐岐に刹柱を立てる(元) 3. 疫病流行により、物部守屋・中臣勝海ら奏言して、寺塔・仏像を破却し、三尼を弾圧する(紀) 敏達、刹柱・仏像等を破却し、三尼を弾圧する。桜井道場は焼かず(元) 6. 馬子、三尼を授けられ、精舎をつくる(紀) 疫病流行し、馬子、三尼を授けられる(元) 敏達没後、三尼、桜井寺に住み受戒のために百済へ渡ることを望む(元)
587(用明2)	6. 善信尼ら受戒のために百済に渡ることを望む(紀) 百済使の言により、受戒のための尼寺とともに法師寺の必要性を知り、用明、大々王・馬屋門皇子(聖徳太子)に法師寺建立地を決めさせる。また百済使帰国に際し、法師・造寺工の派遣を求める(元) 7. 馬子、物部守屋を討滅する。時に寺塔建立を誓願し飛鳥に法興寺を建てる(紀)
588(崇峻元)	百済から舎利・僧・寺工ら来る。善信尼ら百済に渡る(紀) 飛鳥衣縫造の祖樹葉の家を壊し、法興寺をつくる(紀) 百済から僧・工人ら来る。三尼ら受戒のため百済に渡る(元) 聖徳太子・馬子、法師寺の仮垣・仮僧坊をつくり、百済からの僧を住まわせる。また桜井寺の内に屋を作り、工人を住まわせ、法師寺・尼寺の寺木をつくらせる(元)
590(崇峻3)	3. 学問尼善信ら、百済から帰り桜井寺に住む(紀) 三尼ら帰国し桜井寺に住み、寺内に礼拝堂をつくり、白羯磨のために法師寺の早期建立を請う(元)

凡例：法＝法王帝説、元＝元興寺縁起、紀＝日本書紀

●──仏教受容期の関連年表

年　代	事　項
538(宣化3)	10. 百済聖明王、仏像・経教・僧等を送る。蘇我稲目に授ける(法)
〈欽明7〉	12. 百済聖明王、仏像・灌仏器・経論等を送る。大々王(推古)の牟久原の後宮に仏像を奉る(元)
552(欽明13)	10. 百済聖明王、仏像・経論等を送る。蘇我稲目、小墾田の家に安置し、向原の家を寺とする(紀)
	後に、疫病流行し、物部尾輿・中臣鎌子の奏言により、寺・仏像破却される(紀)
553(欽明14)	画工に命じて、樟の仏像二体をつくる。今、吉野寺(比蘇寺)にあり(紀)
570(欽明31)	蘇我稲目没(569)後、堂舎・仏像等破却されるが、牟久原の殿は焼かず(元)。仏殿・仏像等を破却する(法)
571(欽明32)	疫病流行。欽明、大々王・池辺皇子(用明)に仏神崇拝と牟久原の後宮の仏神への奉納を遺言して崩ず(元)
577(敏達6)	百済の僧・尼・造仏・造寺工等六名を大別王の寺に住まわす(紀)
582(敏達11)	大々王と池辺皇子、牟久原の殿を桜井に移す(元)
583(敏達12)	桜井道場を作り、灌仏器をかくす。蘇我馬古(馬子)、高麗の老比丘尼法明に従っていた鞍師首達等(司馬達等)の女斯末女ら三人の女を出家させ桜井道場に住まわせる(元)
584(敏達13)	9. 鹿深臣、百済から弥勒石像を将来する(紀)
	甲賀臣、百済から弥勒菩薩石像を将来する。その石像を桜井道場に置き、三尼が礼拝する(元)
	蘇我馬子、還俗僧高麗の恵便を師として司馬達等の女嶋(善信尼)ら三人を出家させ、また仏殿を宅の東に作り弥勒石像を安置する(紀)
	司馬達等、舎利を感得し馬子に献上する(紀)
	馬子、石川の宅に仏殿をつくる(紀)
	鞍師首が舎利を感得し、馬子に献上する(元)

『飛鳥寺』1986参照。

た漢人司馬達等《しばたっと》が飛鳥の坂田原に「草堂《そうどう》」をつくり、仏像を安置して帰依《きえ》・礼拝したとの記事がみられる。年代的にみても信じることはできないが、達等が邸宅の一画に草堂を営んだのは事実であろう。この草堂がのちに、達等の子多須《たす》奈《な》が丈六仏《じょうろくぶつ》を安置した仏堂、孫鞍作鳥《くらつくりのとり》▲が六〇六(推古十四)年につくった坂田寺に発展したのであろう。現明日香村阪田の緩斜面地から奈良国立文化財研究所によって坂田寺の伽藍の一部が発掘されている。今後、達等の邸宅や「草堂」が発見される可能性も考えられる。

『書紀』には五五三(欽明十四)年に吉野寺《よしのでら》、五七七(敏達六)年外交の窓口であった難波の地に大別王《おおわけおう》の寺の記載がある。大別王の寺には、百済の威徳王《いとくおう》から送られた律師・禅師・比丘尼《びくに》・呪禁師《じゅこんのはかせ》・造仏工・造寺工計六名が配されている。この時期からすでに寺院建設や仏像製作が始まったとも考えられる。

聖明王から献じられた仏像は蘇我稲目に下賜され、ひとまず飛鳥小墾田《おはりだ》の家に安置した後、向原《むくはら》の家を捨い浄めて寺とした。こうした邸宅の一部を改造してつくられた施設を「捨宅寺院《しゃたくじいん》」▲と呼ぶ。『法王帝説』では「仏殿」と記すように、おそらく、仏像を礼拝・安置する仏堂と僧侶が住む住居をふくむ簡単な施設で

▼**鞍作鳥**　鞍作氏は本来、馬具をつくる渡来系氏族であるが、代々仏教の信仰に篤く、その技術を生かして仏師となる。坂田寺を建立。

▼**捨宅寺院**　氏族の邸宅を改修してつくった、仏堂など簡単な仏教施設。草堂ともいうが、その実態は不明。

あったと考えられる。蘇我氏が所有するこの一帯は、六世紀末から七世紀の王都の中心になる。小墾田の地は七世紀はじめに推古《すいこ》天皇が営んだ小墾田宮の地であり、向原の地は現在の向原寺《こうげんじ》一帯で、推古天皇が即位した豊浦宮から小墾田宮に移った後、豊浦寺《とゆらでら》が造営される。

この向原仏殿は蘇我馬子の時代になると、五八二年に桜井に移されたという。このことは『元興寺縁起』が引く「豊浦寺縁起」に記されている。この桜井の地も蘇我氏が所有する向原に隣接した一画であろう。桜井につくられた道場は、後の豊浦寺の前身施設といわれている。「縁起」にはその翌年、播磨で還俗《げんぞく》していた高句麗の僧恵便《えべん》・尼僧法明《ほうめい》を師として、司馬達等の女ら三人を出家させ、桜井道場に住まわせたとある。『書紀』には五八四年のこととして、この出家記事を載せる。

『書紀』には桜井道場の記載はないが、この年に馬子は、鹿深臣《かふかおみ》が百済から将来した弥勒《みろく》石像を奉る仏堂を邸宅の東につくった。「縁起」には弥勒石像を桜井道場の入口に置いたとあるから、馬子の邸宅の東につくったとされる仏堂が、桜井道場であった可能性も考えられる。同年、馬子は石川の地にも仏堂をつく

●──和田廃寺塔跡

っている。翌五八五年には、馬子は司馬達等が入手した仏舎利《ぶっしゃり》を献上される。その仏舎利を、大野丘《おおののおか》の北に塔を建て、その心柱の「柱頭《はしらかみ》」に収めた。この「大野の丘北塔」は、橿原市和田町(和田廃寺《わだはいじ》)の「大野塚」と呼ばれる土壇がその推定地とされてきた。奈良国立文化財研究所の発掘調査(一九七四、七五年)によって、その塚が塔の基壇であることが確認された。しかし、その築造年代は七世紀後半であることが判明している。

これらの仏堂や塔は排仏説話の舞台になっている。馬子のこうした一連の造寺活動には目を見張るものがあり、『書紀』は「仏法の初、これより作れり」と表わしている。この五八四(敏達十三)年前後の動向は、戦勝説話で語られる飛鳥寺・四天王寺造営の由来より重要な意味をもつ、仏法興隆の一つの大きな画期といえよう。

王都飛鳥につくられた寺院

氏族の邸宅につくられていた仏教施設も、ついに王都飛鳥の一画に寺域をもった伽藍《がらん》として建設される。王都に巨大なモニュメントとして出現したのである。当時の人々にとって伽藍の出現は、私たちがはじめて官庁街の霞ケ関ビルや新宿副都心の超高層ビルを仰ぎ見た時と同じ、否、それ以上の感動と驚きを与えたに違いない。

推古天皇が五九三(推古元)年に豊浦宮で即位してから、持統天皇が六九四(持統八)年に藤原宮に遷都する約一〇〇年間、歴代天皇の王宮が飛鳥川両岸の、広義の飛鳥の地に営まれた。飛鳥とその周辺は古くからの渡来氏族の居住地であった。古くは五世紀の倭の五王の国際化時代に大陸から移住してきた人々であった。応神《おうじん》朝には、東漢直の祖である阿知使主《あちのおみ》・都加使主《つかのおみ》親子らが来日し、檜隈《ひのくま》▲に住まわせたことが知られている。また、雄略朝には、新漢陶部高貴《いまきのあやすえつくりのこうき》(須恵器工人)、鞍部賢貴《くらつくりのけんき》(馬具工人)、画部因斯羅我《えかきいんしらが》(絵師)、錦部定安那《にしごりじょうあんこん》(織物工人)らを飛鳥に住まわせたことや、呉の織物工人(漢織《あやはとり》・呉織《くれはとり》・衣縫《きぬぬい》)の来日が『書紀』に記されている。呉の技術者集団の居住地は檜隈に隣接する呉原《くれはら》(現明日香村栗原《くりはら》)が、その候補地の一つと考えられている。

飛鳥寺の場所も元は渡来系氏族衣縫造《きぬぬいのみやつこ》樹葉《このは》の邸宅であった。司馬達等の邸宅や「草堂」も坂田にある。王都飛鳥とその周辺には、多くの渡来人が集住し、

▼**檜隈**　古代飛鳥の西南にあたり、東漢氏の居住地。宣化天皇の盧入野宮《いおりののみや》もあった。

●—王都飛鳥

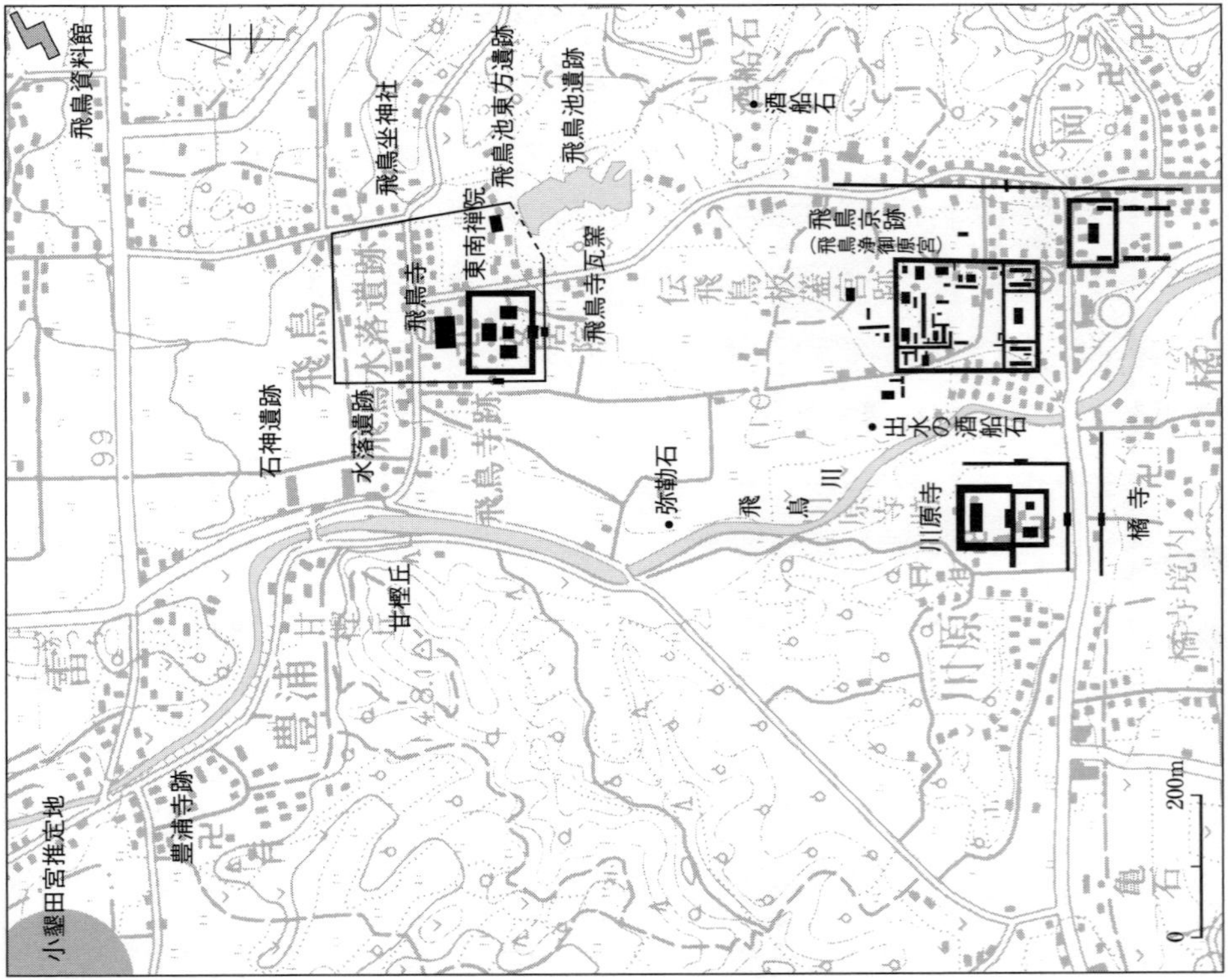
飛鳥資料館
飛鳥坐神社
飛鳥池東方遺跡
飛鳥池遺跡
酒船石
東南禅院
飛鳥寺
飛鳥寺瓦窯
飛鳥京跡
（飛鳥浄御原宮）
石神遺跡
水落遺跡
弥勒石
飛鳥川
出水の酒船石
川原寺
橘寺
甘樫丘
豊浦寺跡
小墾田宮推定地
0
200m

これらを直接管理していたのが東漢氏《やまとのあや》▲であった。そして、東漢氏をはじめ渡来系氏族を掌握していたのが蘇我氏という構図になろう。馬子の邸宅もまた飛鳥川左岸の向原にあった。

　馬子の主導のもと、渡来系集団の新しい技術によって飛鳥は開発され、王都となったのである。渡来人が行き交い、外国の使節団が来朝する王都飛鳥はまさに国際都市としての景観をもち始めた。後の八世紀後半、坂上大忌寸苅田麻《さかのうえのおおいみきかりたま》呂《ろ》らの奏言によれば、飛鳥の住人の八、九割が渡来系の姓をもっていた。

　「都市」とは何か、何をもって「都市」とするのか、議論を要する重要な問題である。古代史では、律令国家都城制《とじょうせい》▲の成立以降の京を「都市」とするのが一般的である。考古学においては、三内丸山遺跡の縄文都市論、弥生時代の環濠集落都市論、古墳時代の三世紀の纏向《まきむく》遺跡都市論と各時代の都市論が提唱されている。だが、人口が集中するだけでは都市とはいえない。古代の都市は王権すなわち王宮があること、宗教施設があること、職人集団や技術者の居住、経済活動を支える市の存在、交易の港・津があることなどの条件があげられる。また、都市の重要な要件は、農村との機能的分離であろう。

▼**東漢氏**　檜隈を本拠とした渡来系氏族。多くの渡来系技術者や部民や漢部を管理した。

▼**都城制**　中国の城壁で囲まれた都市（都城）を模してつくられた都、条坊制の都市計画に基づく都は、藤原京から始まる。

推古天皇の小墾田宮は、居住空間と政治の場が分離され、のちの「内裏と朝堂院」の原型になる王宮として整備される。宗教施設あるいは記念物としての飛鳥寺の建立、僧侶等の知識階層の居住、また、飛鳥寺に付設された工房が置かれていた。これが、のちに最近発見された飛鳥池の官営工房に発展するのであろう。その周辺には様々な渡来系技術集団が居住し、また近くの農村も都市の要求にこたえている。

都市の経済活動は海石榴市《つばきいち》や軽市《かるいち》で賄われる。海石榴市は五八五(敏達十四)年の物部守屋らによる排仏記事の中に見られ、六世紀代にすでに成立していた可能性がある。この排仏記事に関連して、捕らえられた三人の尼僧は市のなかでムチ打ちの刑が執行される。また、六〇八年には、隋使裴世清《はいせいせい》の一行が難波津から大和川・初瀬川を溯り海石榴市で下船している。そこで歓迎式典が行なわれ、迎えの人々に導かれた隋使一行は飛鳥に入ったという。軽市は東西の山田道と南北の下《しも》ツ道の交差点にあったと推定され、『書紀』には六一二年に、その記載がみられる。王都飛鳥の建設にともなって、新たにつくられた市であろうか。市は交通の要衝にあり、人々の集まる市場であるほか、儀礼の場、刑罰執行の場であり、歌垣《うたがき》▲や遊戯なども行なわれる都市の広場であった。まさに、市井の人々の情報伝達の重要な場であった。

　こうした七世紀初頭の王都飛鳥の景観は、都城制導入以前の、農村とはかけ離れた日本的古代都市「倭都《わのみやこ》」の諸条件を備えていたといえよう。

▼**歌垣**　本来、男女が歌舞して豊作を祈る農耕儀礼。次第に共食を通して歌舞や性的解放が中心になり、求婚の場や宮廷の風流行事になっていった。

②—「法の興りし寺」飛鳥寺建立

飛鳥寺の造営過程

五八七(用明二)年、物部守屋《もののべのもりや》を滅ぼす際に、厩戸《うまやど》皇子とともに戦勝を祈願して寺院建立を誓約したことが、蘇我馬子《そがのうまこ》が飛鳥寺《あすかでら》を建立する契機となったという。太子信仰で彩られた飛鳥寺の創建は本当であろうか。確かに物部氏滅亡が馬子にとって政治権力の掌握を一気に推し進める大きな転機であったに違いないが、飛鳥寺の建立計画は、それ以前に進められていたと考えられる。『元興寺縁起』には戦勝説話は語られておらず、この頃、桜井寺《さくらいでら》に出家した三人の尼僧の受戒問題を伝えている。来朝していた百済使は、受戒のための尼寺と法師寺(僧寺)の必要性を説き、厩戸皇子と馬子が「寺を起こす処」を定めたとある。そして百済使の帰国の際、法師や造寺工の派遣を求める。

この法師寺こそ、飛鳥寺の原形であり、その創建の契機となったのである。また、三人の尼僧は受戒のために百済に渡る。『元興寺縁起』は用明天皇・大后

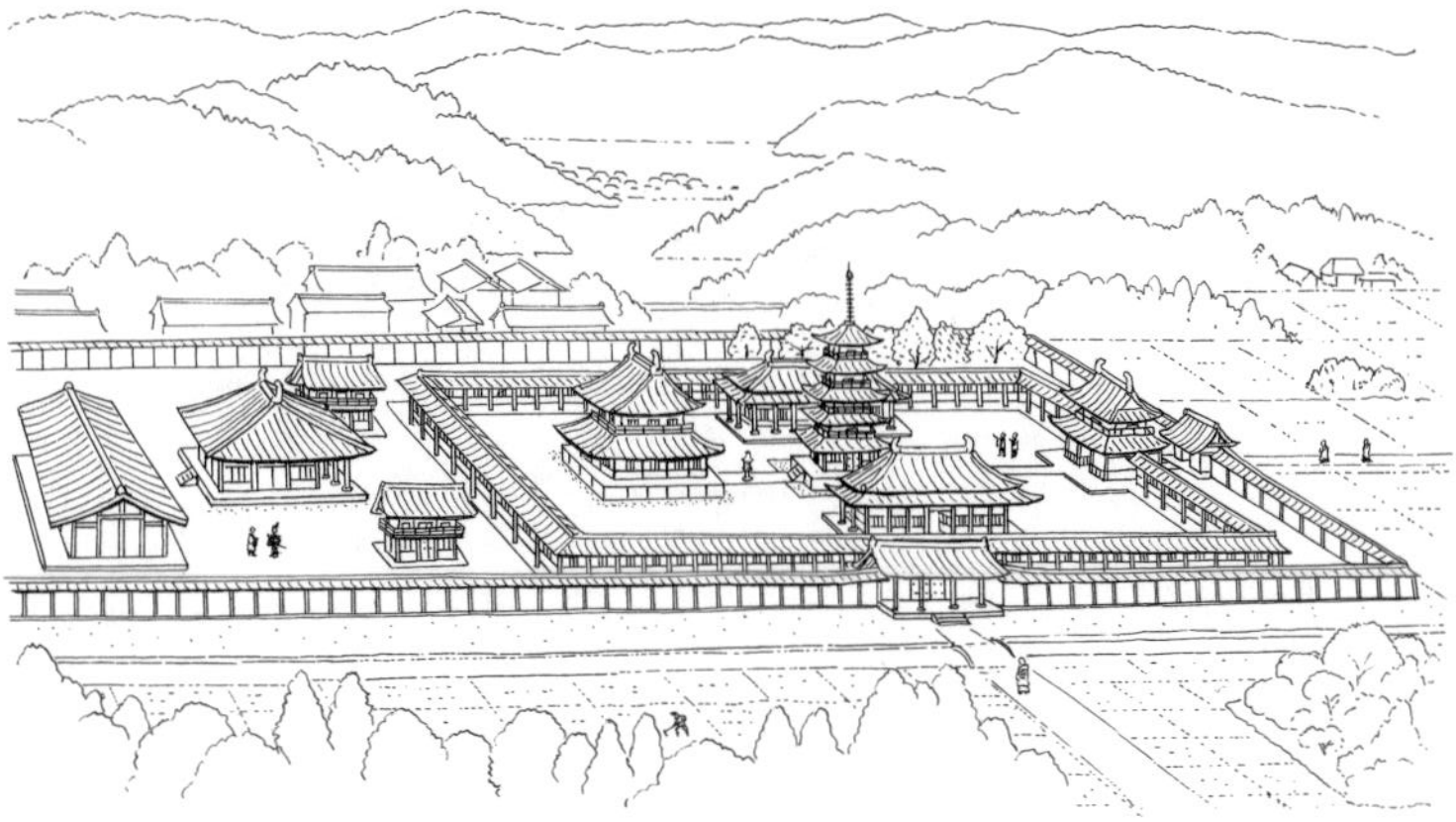

●——飛鳥寺伽藍復元想定図

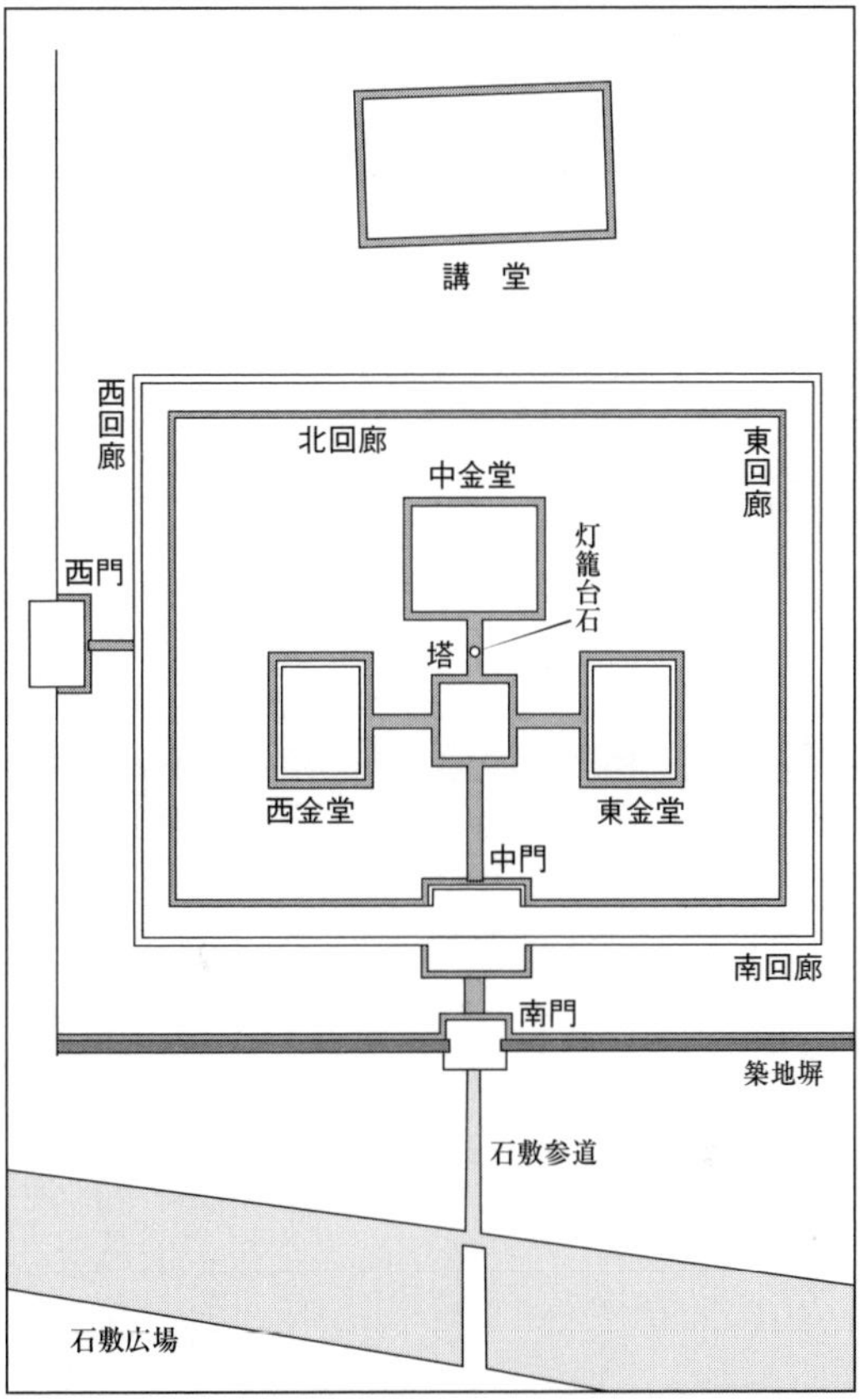

●——飛鳥寺伽藍地割復元図

●──飛鳥寺創建軒丸瓦

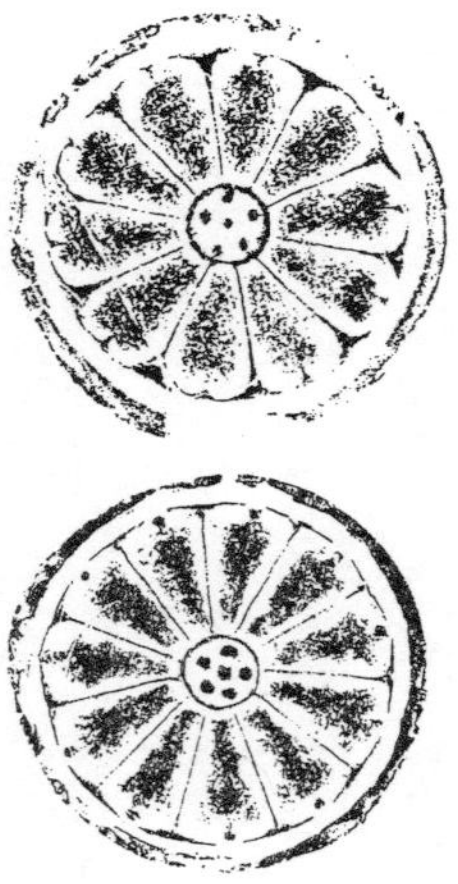

(推古天皇)・厩戸皇子の合作として記すが、馬子主導であったに違いない。用明天皇は病で崩ずる直前、群臣を集め「朕《ちん》、三法《さんぼう》に帰《よ》らむと思ふ。卿等《いましたち》議《はか》れ」と詔している。みずからの意思を伝えているものの、物部守屋・中臣勝海《なかとみのかつみ》は強硬に反対し、馬子は「詔に随《したが》ひて助《いたす》け奉《まつ》るべし」と激しく対立する構図は、仏教受容の時と変わらない。寺院の建立にあたっても、仏教の主導権は馬子が握っていたのである。また重要なことは、寺院造営にあたり、僧寺と尼寺すなわち飛鳥寺と豊浦寺の造営が、ほぼ同時に構想されていることである。

まず、法師寺が飛鳥寺建立となって具現化される。その造営過程を『書紀』は次のように伝えている。

五八八年(崇峻　元)　百済から舎利・僧・造寺工等が来日する。
　　　　　　　　　　飛鳥衣縫造の祖樹葉の家を壊して、着工する。
五九〇年(崇峻　三)　山に入り寺の材をとる。
五九二年(崇峻　五)　仏堂(金堂)と歩廊(回廊)を建てる。
五九三年(推古　元)　仏舎利を刹柱《さっちゅう》の礎中《そちゅう》に置き、刹柱を建てる。
五九五年(推古　三)　高句麗の僧恵慈《えじ》・百済の僧恵聡《えそう》が来朝し、三法の棟梁となる。

五九六年（推古　四）　つくりおわり、馬子の子善徳《ぜんとこ》を寺司《てらのつかさ》とし、恵慈・恵聡が寺に住み始める。

六〇五年（推古十三）　鞍作鳥《くらつくりのとり》が銅と繍《ぬいもの》の丈六仏をつくり始める。造仏を聞き、高句麗大興王《だいこうおう》、黄金三〇〇両を貢上する。

六〇六年（推古十四）　銅・繍の丈六仏が完成。鞍作鳥の工夫により戸を壊さず、金堂に安置する。

こうした造営過程をみると、寺域の造成工事→木材の調達→金堂・回廊→塔→丈六仏の完成の順に工事が進められていることがわかる。まず、金堂の造営が先行し、塔の造営が後続するのである。飛鳥仏教においては、仏像信仰が中心で、つまり金堂が重視されている。これは「草堂」「捨宅寺院」とみられる仏堂の仏像信仰が中心であったことに由来しているのであろう。それに対し舎利信仰▲は、五八五年の司馬達等が入手した舎利を収めた「大野の丘北塔」以降のことである。寺院は元来、釈迦の舎利を奉る施設から始まったはずである。六世

▼**舎利信仰**　釈迦の遺骨（舎利）を崇拝・供養することによって、仏教がアジア各地へ広まっていった。寺院は本来、塔中心に伽藍が形成された。

紀に受容した仏教が、中国・朝鮮でも既に仏像崇拝に変わっていたためであろう。

飛鳥寺の造営工程は、七世紀半ばに造営された山田寺《やまだでら》の建立にも認められる。山田寺の造営過程については第三章で述べるが、その造営に四五年間を要している。山田寺の造営者蘇我倉山田石川麻呂《そがのくらやまだいしかわまろ》の自害による一五年の中断があったとしても、完成までに三〇年を要している。それに較べて、飛鳥寺の完成期間は、五八八年の着工から、五九六年の主要堂宇の完成までにわずか九年間、六〇六年の造仏を入れて一八年の歳月であった。

飛鳥寺の短期間の造営をみても、いかに馬子の権勢や財力が強かったのかを示すものであり、その造営が国家的事業であったことが判明する。その飛鳥寺の建設中に、推古天皇は「三宝興隆《さんぽうこうりゅう》」の詔(五九四年)を出している。飛鳥寺の造営は特別であったが、通常、寺院造営は一五年から三〇年を要する一世一代、あるいは半世紀一代にわたる大事業なのである。

また、飛鳥寺の完成から造仏の期間に約一〇年間の空白がある。これは何を意味するのであろうか。飛鳥寺の造営とほぼ併行してつくられる豊浦寺の建立

●豊浦寺創建軒丸瓦

と関係すると考えられる。五九〇年、百済で受戒した三人の尼僧が帰国し、桜井道場に住む。その桜井道場は、五九二年に即位した推古天皇の豊浦宮の後宮にあった。飛鳥寺の主要堂宇が完成した頃(五九六年)から、捨宅寺院であった桜井道場は、伽藍《がらん》をもつ豊浦寺として整備されたのであろう。六〇三年に小墾田宮に移った後、その造営は本格化する。

豊浦寺の伽藍の方位が北で西に偏していることは地形的な制約によるものでもあろうが、豊浦宮や桜井道場、蘇我氏の邸宅として開発された六世紀の地割に沿っているためではなかろうか。豊浦寺の発掘調査は金堂や講堂の一部が検出されたに過ぎないが、飛鳥寺と同笵《どうはん》▲の瓦が多く出土し、その造営がほぼ併行していたことを証明している。また、飛鳥寺と同笵の一つの笵型《はんがた》は、法隆寺《ほうりゅうじ》の創建瓦に改造されている。法隆寺の創建を六〇七年頃とするならば、豊浦寺の造営はそれ以前であろう。いずれ豊浦宮との関係やその伽藍の推移は、今後の発掘調査によって明らかにされるであろう。

▼同笵　軒瓦の文様は木型でつくられる。同じ笵型でつくられた文様。笵型のひび割れ・磨耗・改作により前後関係がわかる。同笵関係は、瓦が移動する場合と笵型が移動する場合がある。

▼露盤博士　塔などの宝形《ほうぎょう》造りの屋頂の相輪や宝珠《ほうじゅ》を飾る四角い台を露盤という。銅でつくられることから、鋳造技術者をさす。

寺院造営の新技術と基準尺

百済から仏舎利とともに派遣された六人の僧は、寺院建築に知識をもった伽藍のプランナーであり、造営の総指揮者であろう。あわせて、寺院建築を担当する寺工二名、鋳造を担当する露盤《ろばん》博士▲一名、屋根の部材としての瓦の製造や瓦葺を指導する瓦博士四名、仏画などを描く画工一名など、計一四名の造営プロジェクト集団としての来日であった。これは先の百済使への造寺工派遣の要請に答えたものであろう。

いよいよ、衣縫造祖樹葉の邸宅を壊して、寺域の造成が始まった。寺域や伽藍を東西南北の方位に揃える測量技術は、寺院造営のために導入された新しい技術である。事実、飛鳥寺の伽藍は真南北線とそれと直交する東西線上に配置されている。それに対して飛鳥寺前面石敷き広場は東で南に約八度、傾いている。寺域西側の現在の畦道にも、北で東に八度ほど傾いた地割が残っており、これらの地割は飛鳥寺造営以前、六世紀に樹葉邸宅がつくられた当時の地割であったことがわかる。正確な方位を割り出す方法は、天体測量や太陽を利用した測点法《そくてんほう》すなわち平地に棒を立て、午前と午後その影の長さが等しい二点を測点とし、東西に延長していく測量技術によったと考えられている。

東西二町・南北三町（一町約一〇八メートル）に計画された寺域は、東側の丘陵によって東と東南隅がやや変形しているが、約七〇〇〇平方メートルにわたる大造成工事であった。平坦にみえても地形は飛鳥川に向かって傾斜している。土盛りによる整地工事、寺域の排水濠や寺域西側を通る飛鳥のメイン・ストリート、のちに官道中ツ道▲につながる南北幹線道の整備など、周辺の付帯工事をともなう大土木工事であった。

伽藍配置や建物は高麗尺《こまじゃく》▲（約三五センチ）で設計したと考えられている。しかし、当時の物差しや間縄《けんなわ》や間竿《けんざお》が現存しているわけでも発掘で出土したわけでもない。例えば、礎石と礎石の間隔を実測して、その心々距離が三・五メートルとしよう。当時の尺度が二五、三五、五〇センチのいずれであっても割り切れ、その基準尺になりうる。しかし、のちの律令国家によって導入された唐尺（約二九センチ）の一・二倍の尺度（唐大尺《とうたいしゃく》＝高麗尺）が想定されることから、高麗尺＝約三五センチが妥当とされるのである。

この高麗尺を使って法隆寺の主要堂宇を実測し、非再建論を展開した関野貞《せきのただし》

▼**中ツ道**　奈良盆地を南北に貫く、上ツ道・下ツ道とともにつくられた古代幹線道（六七二年、壬申《じんしん》の乱以前の造営）。

▼**高麗尺**　大宝令で制定された唐尺（小尺）に対し、それに先行する一・二倍の土地測量にもちいる尺度（大尺）をいう。これを高麗法《のり》と呼ぶが、史料には高麗尺という用法はない。

の「尺度論」は有名である。飛鳥寺の発掘された伽藍を改めて測量してみると、建物の設計だけでなく、基壇の規模や、伽藍配置に至るまで高麗尺で設計されていることがわかる。そして、塔の中心を基準点とし、中・東・西金堂はいずれも塔心から高麗尺七五尺の位置に、講堂は一五〇尺北に計画されている。同様に中門・回廊・南門・西門の配置も高麗尺を基準に決められていた。

同時に、寺工によって設計図や伽藍の雛型がつくられた。各堂宇の設計は屋根を受ける垂木の間隔を基準として図面が引かれ、平面図・立面図・断面図がつくられていたと考えられる。こうした設計図をもとに、必要な木材の寸法と数量を算出し、木材の切出しに取り掛かる。山に入って木を伐採することを「杣《そま》取り」という。飛鳥に近い吉野の山であろうか。伐採される山には「山作所《さんさくじょ》」と呼ぶ製材所が設けられ、柱の寸法や一定の長さに切り揃え、柱の太さや部材の大きさに合わせて荒加工が施され、山出しが行なわれる。

また、基壇化粧に使う凝灰岩《ぎょうかいがん》の切石は二上山《にじょうさん》▲の採掘場から、数トンに及ぶ大きな塔の心礎や礎石、伽藍周りの敷き石に用いる花崗岩《かこうがん》の人頭大の石は飛鳥の周辺部から調達された。石採の技術や運搬は、古墳時代に石室で培われた技術

▼二上山　大阪府・奈良県の境にある讃岐石・凝灰岩の産地。

で対応することができたが、切り出された大きな心礎や礎石が何に使われるかは、現場の石工たちは知る由もなかった。こうした建設部材が次々と造営現場に運ばれ、建築の準備は整った。

伽藍の建設

いよいよ金堂の建設である。しかし、その前に重要な土木工事が残っている。それが「掘込《ほりこ》み地業《じぎょう》」▲と呼ばれる建物の基礎を固める工事と土台となる基壇の構築である。大規模で瓦葺の重量のある建物をつくるためには、単に造成しただけでは建物の構造を支えることはできない。そのための強固な基礎が必要になる。基壇の範囲よりやや大きめに地面を掘り下げ、地山の土を取り除き砂質土と粘質土を交互に敷き固めながら築いていく版築《はんちく》工法が採用された。これも大陸の新しい技術である。基壇もこの方法で積み上げられ、計画された柱位置に礎石が設置される。

礎石が据えられると足場が組まれ、建築の開始である。発掘調査では、柱と柱の間に足場穴の痕跡を確認できる場合がある。柱が組み上がると、屋根の構

▼掘込み地業　建物の基礎を強固にする必要から、建物部分の地下を掘り下げ、新たな粘土と砂を互層につき固める(版築)基礎工事。

●――斗栱(平三斗)

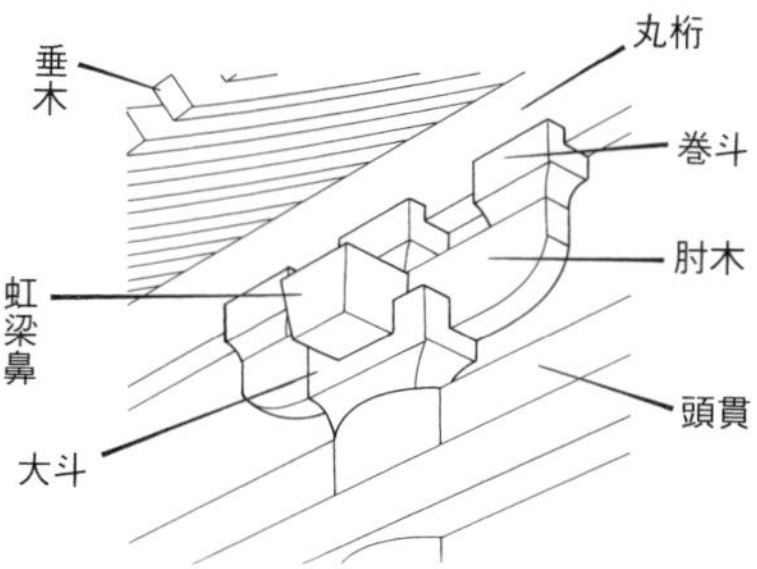

造に取り掛かる。従来の工法では梁《はり》と桁《けた》で屋根を支えられたが、大きくて重量のある瓦葺の屋根は、これではもたない。そこで屋根の重量を分散して支えるために、柱の上に「斗栱《ときょう》」と呼ばれる斗《ます》と肘木《ひじき》の組物を設置する。こうした工夫も大陸伝来の工法であり、これによって柱と柱の間隔が広く取れるようになった。つくられた金堂は重閣《じゅうかく》建物であったと考えられる。また、中金堂は切石の壇上積《だんじょうづみ》基壇であるが、東・西金堂は玉石積《たまいしづみ》基壇で下成と上成の二段の重成《じゅうせい》基壇となる。このほか飛鳥時代の基壇化粧には、高麗寺《こまでら》にみられるような瓦積《かわらづみ》基壇が知られている。

こうした金堂の造作工事とともに、寺域東南隅の丘陵部に設けられた造瓦所では、百済の瓦博士の指導のもとに瓦の製作が始められる。瓦づくりには焼き物に精通した須恵器つくりの工人が動員されたことが、瓦に残された青海波《せいかいは》文の当て具の痕跡から判明している。つくられた瓦は、丘陵斜面の二基の窖窯《あながま》▲で製品化される。

金堂がほぼ出来上がると、塔の造作にかかる。金堂のつくり方とは異なり、掘込み地業の底面を地固めしたのち、まず花崗岩《かこうがん》の巨大な心礎《しんそ》▲(南北二・四×東

▼窖窯　丘陵の斜面を利用してつくった窯。断面が半円状を呈する。床が階段状になるものと無段のものがある。

▼心礎　塔の中心の柱(心柱)を支える大きな礎石。

●――基壇化粧(『古代日本を発掘する』2より)

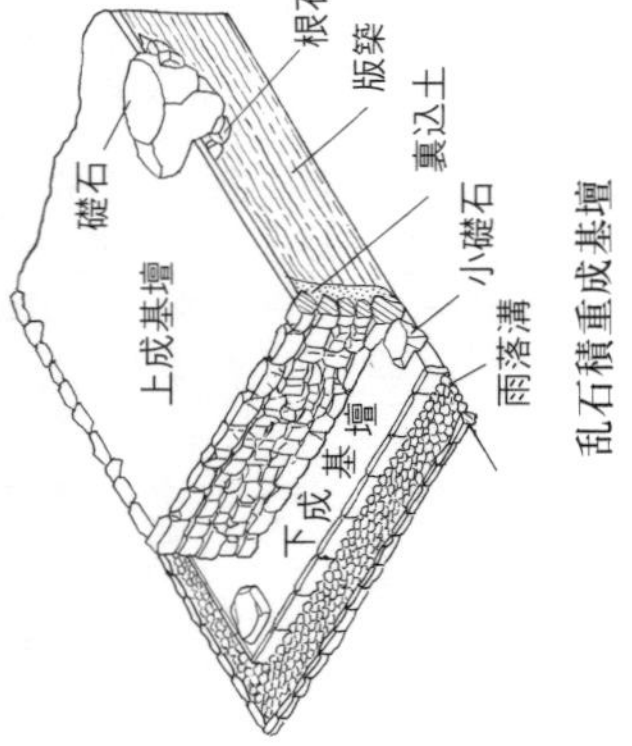

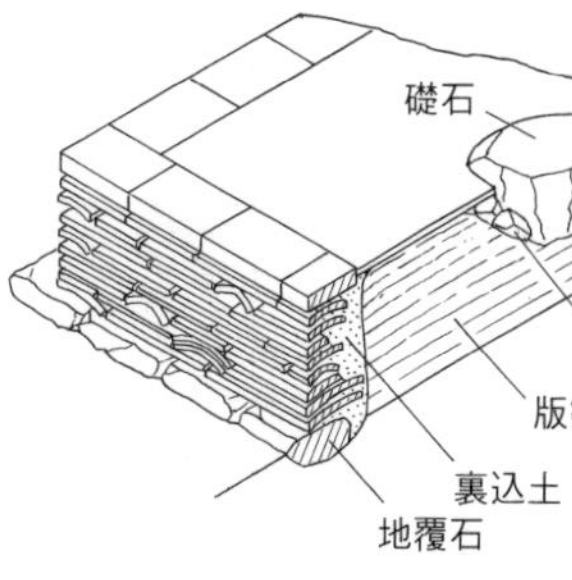

瓦積基壇

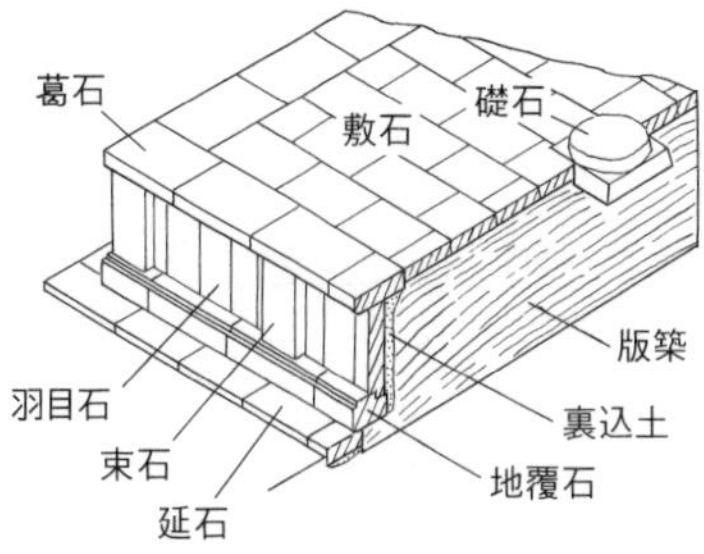

壇上積基壇

西二・六メートル）を設置する。その方法は掘形《ほりがた》の一辺にスロープを設け、掘形中央に滑り込ませるのである。基壇上面からは約三メートル下に据え付けられた地下式《ちかしき》心礎である。飛鳥時代初期の塔心礎の多くは、こうした地下式心礎である。その後、寺院建築の変遷とともに心礎は七世紀中ごろの川原寺《かわらでら》・山田寺では壇中式《だんちゅうしき》に、七世紀末の法起寺《ほっきじ》では壇上式となって基壇上に設置される。こうした地下式から地上式への変遷は、心柱の腐食を防止するためであろう。事実、法隆寺西院伽藍の地下式心礎は、地下の部分が朽ち果てて空洞になっていた。

心礎中央には方形の舎利孔（約三〇センチ四方、深さ二一センチ）が穿たれている。さらに、その東面には幅・高さ・奥行ともに一二センチの龕《がん》状の横孔が設けられていた。おそらくこの横孔に舎利容器が納められ、舎利孔には法隆寺にみられるような鏡や玉類などの荘厳具《しょうごんぐ》が入れられたのであろう。鎌倉時代初期の火災ののち、これらの一部が回収され心礎上面の石櫃《いしびつ》に木箱に入れて納められていた。心礎の周囲には挂甲《けいこう》と呼ばれる鎧《よろい》や金銅製金具、鞍の後に付ける蛇《だ》行状鉄器《こうじょうてっき》などが埋納されていた。発掘者は古墳の石室を調査しているようだ

●舎利埋納物(飛鳥寺)

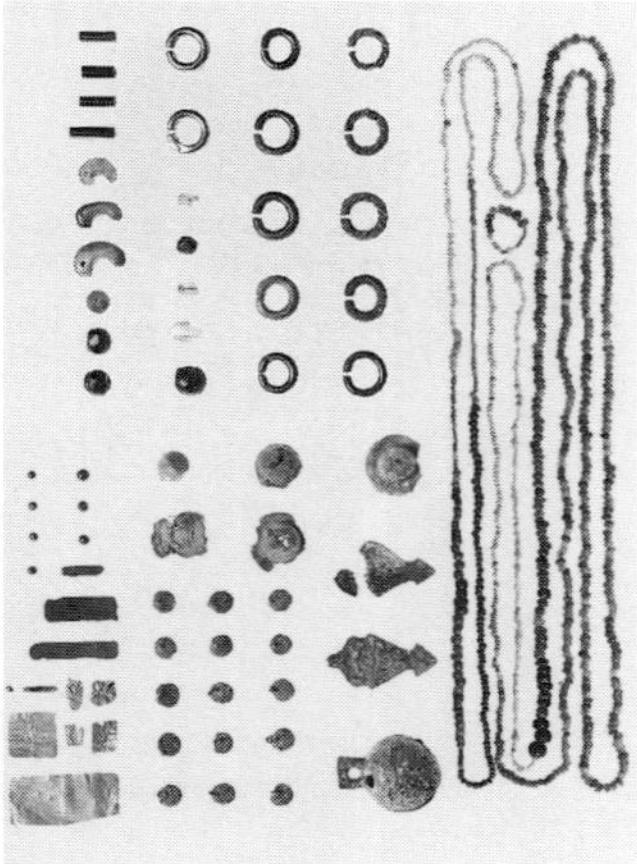

▼風鐸　金堂や塔などの軒の四隅の隅木《すみき》に吊り下げられた青銅製の鐸。

つたと回顧している。

こうした舎利埋納の儀式に続き、心柱の立柱《りっちゅう》の儀式が行なわれる。柱の中でももっとも大きい立派な、おそらく太さ三尺(約九〇センチ)・高さ一五丈(約四五メートル)はあろう心柱が、滑車と多くの人々の人力で立てられていく。心柱の周囲を版築工法によって突き固めながら基壇までつくりあげ、立柱式は終わる。あとは心柱を軸にして、塔の各層を組み上げていくのである。

主要伽藍の完成にあわせ、鋳造所では露盤博士によって塔の先端を飾る露盤・相輪《そうりん》・水煙《すいえん》などとともに、堂宇を飾る風鐸《ふうたく》▲や飾り金具が鋳造される。そして最後のメイン・イベントは飛鳥寺本尊の丈六仏釈迦如来《しゃかにょらい》像の鋳造である。『元興寺縁起』では飛鳥寺の東に一一丈の大殿をつくり、造仏所としたとある。その仏師には仏教に信仰が深く、鋳造技術にも長けた鞍作鳥(止利仏師《とりぶっし》)が選ばれたと『書紀』は記すが、『元興寺縁起』には止利仏師の名はない。いずれにしても百済の僧や露盤博士の指導や助言によって造仏が行なわれたに違いない。鋳造技術はすでに弥生時代の銅鐸《どうたく》をはじめ青銅器の製作の頃から伝わっていたが、こうした巨大な造形的な作品を鋳造するのは初めてであった。鋳造は蠟型《ろうがた》づくりの技法が用いられた。これも新しい鋳造技術であり、原料となる銅も百済から輸入された。

鋳造にあたっては、まず、鉄心に粘土を巻き付け、仏像の原形となる中型《なかご》をつくる。つぎに蜜蜂の巣から採取した蜜蠟で厚く塗り、仏像の細部まで彫刻する。その上に外型を粘土でつくり、それを焼きあげると蠟型の部分は溶けて空洞になる。溶けた空間を一定に保つため、中型と外型をつなぐ型持《かたもち》の工夫がなされる。この空洞の部分に溶けた銅を流し込む。鋳造が終わり、型を外すと鏨《たがね》をかけて丹念に仕上げ、鍍金《ときん》をすれば完成である。これが現在、飛鳥寺安居院《あんごいん》に残る飛鳥大仏で、創建時の丈六釈迦如来像である。中金堂に安置されたこの本尊は、鎌倉時代初期の火災で大破し、創建時の部分は顔・右指・足の部分だけであるが、鍍金の痕跡も認められる。

飛鳥時代には、こうした鋳造仏のほか、繡仏《しゅうぶつ》▲が製作されており、石造仏や木造仏があったことも知られている。

▼**繡仏**　仏や菩薩を刺繡で織りだした帳《とばり》。飛鳥時代のものは中宮寺に天寿国曼荼羅繡帳《てんじゅこくまんだらしゅうちょう》が現存する（一部は鎌倉中期の模作）。

飛鳥寺式伽藍と四天王寺式伽藍

一九五六、五七（昭和三十一、三十二）年の奈良国立文化財研究所による飛鳥寺の発掘調査は、日本列島で初めてつくられた寺院の実態を明らかにするとともに、戦後の古代寺院研究や歴史考古学の試金石となった。

発掘以前には飛鳥寺の伽藍配置は、金堂を東に塔を西に配置した法隆寺式か、塔・金堂・講堂を一直線に配置する四天王寺式と推定されていた。しかし、発掘調査の結果、回廊の中に塔を中心に中金堂・東金堂・西金堂を配置した一塔三金堂の伽藍配置であることが確認されたのである。わが国では類をみない飛鳥寺の伽藍配置の出現は、発掘者のみならず歴史考古学・古代史・建築史・仏教美術史の学界に衝撃を与える大きな出来事であった。

一塔三金堂式は高句麗《こうくり》の清岩里廃寺《せいがんりはいじ》（平壌）にみられるものの、百済の寺院ではまだ確認されていない。このことから飛鳥寺式伽藍配置は、高句麗寺院の影響を受けたものと考えられた。しかしその後、発掘された新羅《しらぎ》の皇龍寺《こうりゅうじ》が三金堂式であることが明らかになり、六世紀代の朝鮮三国に共通した格式の高い伽藍形式であった可能性も考えられる。一塔三金堂の伽藍配置は、日本でも飛鳥

●高句麗・清岩里廃寺

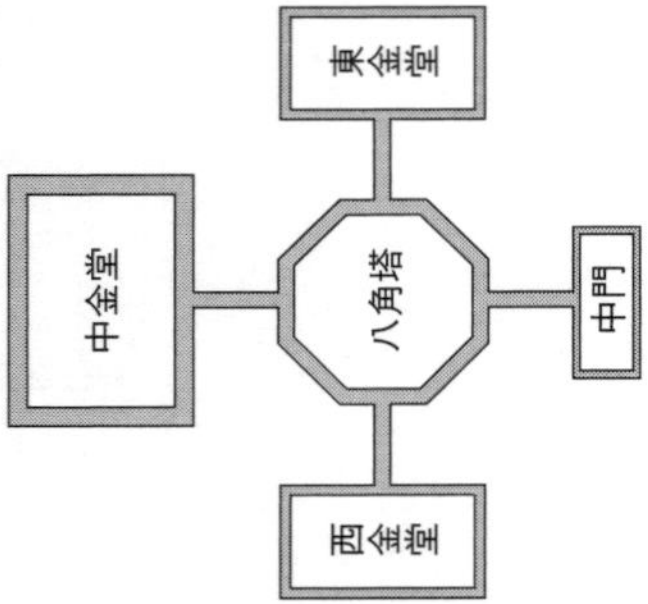

●四天王寺式伽藍

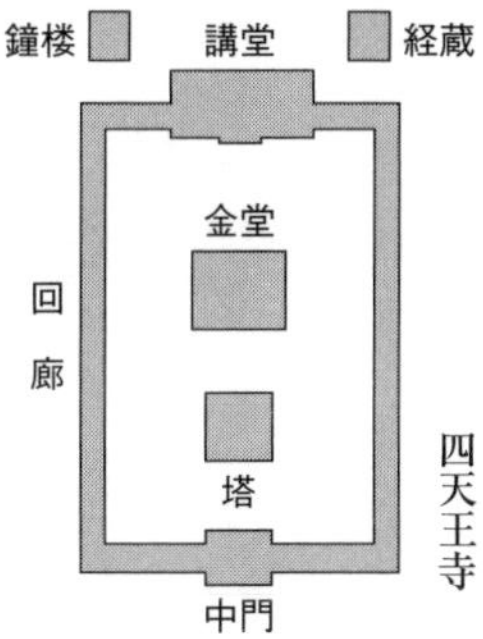

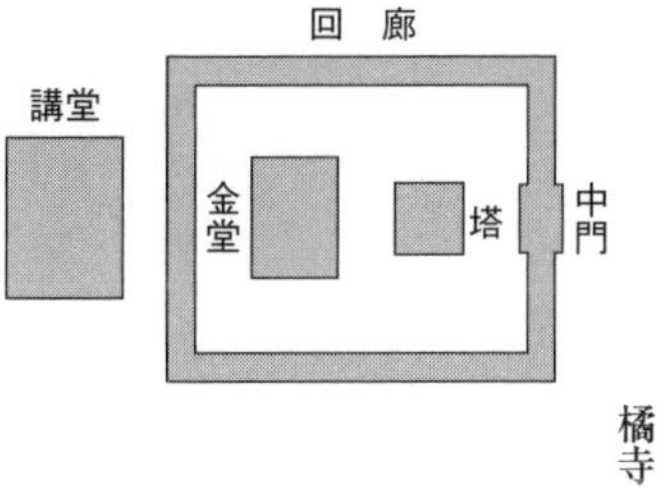

寺を除いて他に例はない。馬子がいかに力を注いで造営したかを窺い知ることができる。飛鳥寺は、蘇我氏専制体制の権力の象徴であった。

主要伽藍は、その後確認された寺域(南北三町・東西二町)の西側、三分の一に配されている。西寄りに配置される飛鳥寺の伽藍域と寺院域の関係は、八世紀代の平城京の諸寺にまで踏襲される。信仰の中心である神聖な伽藍域を除く他の空間は、一般に大衆院と称され、寺院経営の庶務や会計などの諸事をつかさどる政所院《まんどころいん》、僧の食事を賄う食堂《じきどう》、寺の宝物や経典を納めた倉院《そういん》、薬草・野菜・草花を栽培した苑院《えんいん》、寺奴婢の居住する賤院《せんいん》などが配置されていた。

一方、四天王寺《してんのうじ》式伽藍配置は東西金堂を省略した伽藍配置であった可能性が考えられる。また、捨宅寺院の仏堂を金堂に改修し、その南に塔を新造した伽藍配置ともみられる。事実、同時に尼寺としてつくられた豊浦寺は、四天王寺式伽藍とする説(花谷論文)が近年提示されている。飛鳥寺や豊浦寺と同笵関係をもつ飛鳥の橘寺《たちばなでら》・奥山《おくやま》廃寺も四天王寺式である。聖徳太子の住む斑鳩宮《いかるがのみや》に併設してつくられた若草伽藍《わかくさがらん》も中宮寺《ちゅうぐうじ》も四天王寺式であり、若草伽藍と同笵関係にある四天王寺、中宮寺と同笵関係にある平群寺《へぐりでら》も四天王寺式伽藍である。

『書紀』は、「諸臣連等《もろもろのおみむらじたち》、各君親《おのおのきみおや》の恩《みめぐみ》の為に、競《きそ》ひて仏舎《ほとけのおおとの》を造る」と記し、六二四（推古三十二）年には寺院は四六カ所、僧が八一六人、尼は五六九人を数えたと伝えている。誇張された数であることは間違いないが、飛鳥寺造営を契機とした推古朝の造寺活動は、中央氏族や渡来系氏族に確実に広がっていった。素弁系軒丸瓦をもち四天王寺式伽藍配置をとる寺院は、初期寺院の広がりを示す一つのメルクマールとなろう。

また、こうした初期寺院の広がりを背景として、六二四年には、「僧正《そうじょう》・僧都《そうず》・法頭《ほうず》」と呼ばれる僧官制《そうかんせい》の原形となる統制機関が飛鳥寺に置かれる。これは、仏教の支配権・祭祀権を手中にした蘇我氏の専横体制が強化されていたことを意味している。初期寺院は確かに氏寺として広がったのであるが、その中核としてつくられた飛鳥寺は国家的あるいは公的な寺院であった。これは、馬子が掌握した仏教の支配原理に基づく国家観の表われともいえよう。いかに推古天皇や聖徳太子が仏教の立役者として描かれようとも、王権のもつ古来の神祇の祭祀権との相克や矛盾を孕みながらも、仏教を支配原理とした蘇我氏の専横体制が凌駕していく様子を読みとることができる。

●屋根瓦の名称

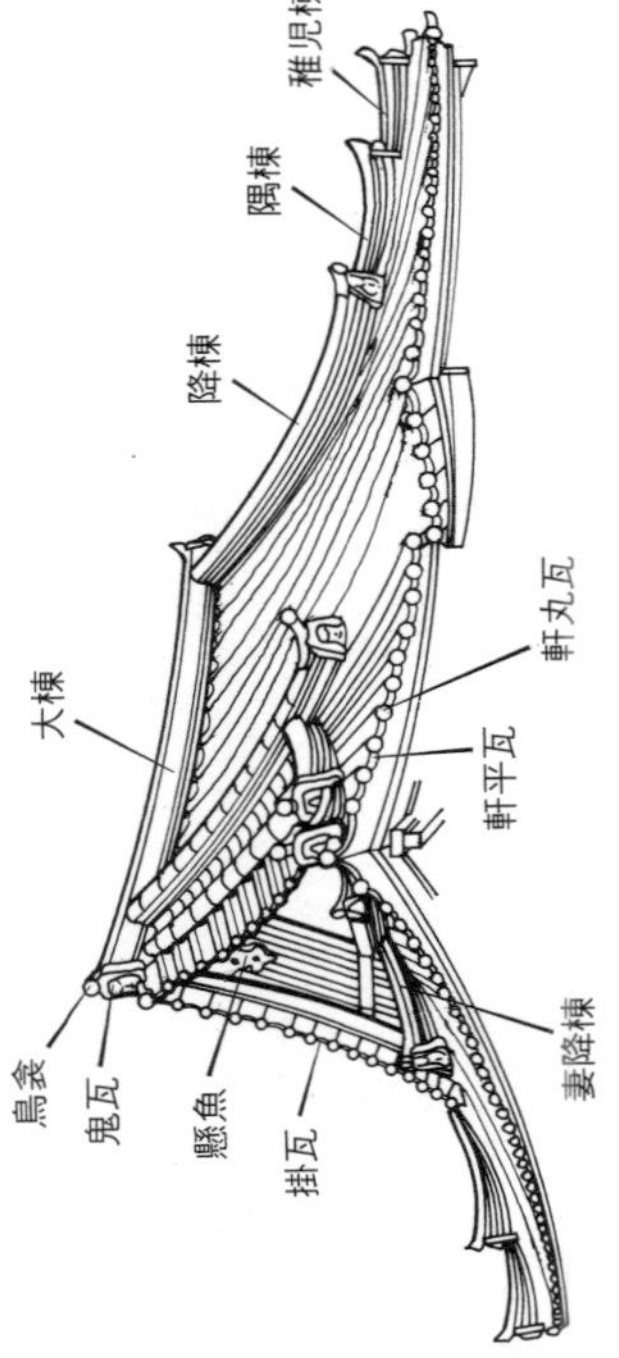

瓦からみた初期寺院の実態

瓦が屋根を葺く材料として用いられたのは、六世紀末の飛鳥寺が初めてのことである。宮殿に瓦が使用されるのは、それから一〇〇年後の七世紀末の藤原宮からである。地方の国衙《こくが》や郡衙《ぐんが》などの役所に普及するのは八世紀になってからである。以降、瓦葺の建物は、権力の象徴や宗教的象徴として存在してきた。みずからがつくった瓦を庶民が自分たちの家に使えるのは、十七世紀の江戸の大火の後である。しかし、二十一世紀を迎えた今日、めっきり瓦葺住宅は減り始めている。一四〇〇年近く存続してきた瓦も、文字通り瓦解の危機に瀕しているのである。まずはこうした瓦の歴史から何がわかるのか、考えてみよう。

瓦葺の屋根は、基本的には平瓦《ひらがわら》と丸瓦《まるがわら》で組み上げてゆくのであるが、構造上、屋根の隙間を覆いきれない箇所には、それに合った瓦が必要になってくる。また軒先には文様をもった軒瓦《のきがわら》・垂木先瓦《たるきさきがわら》、大棟には鴟尾《しび》や鬼瓦《おにがわら》を用いて、その装飾性と荘厳さを高める工夫がなされている。先にも述べたように、こうした瓦の製作技法は百済の四人の瓦工人によって伝えられた。当然、瓦につけられた文様も、百済の素弁蓮華文《そべんれんげもん》と共通する。事実、飛鳥寺の創建軒丸瓦《のきまるがわら》は六世

●──瓦当文様(軒丸瓦)の各種

花組

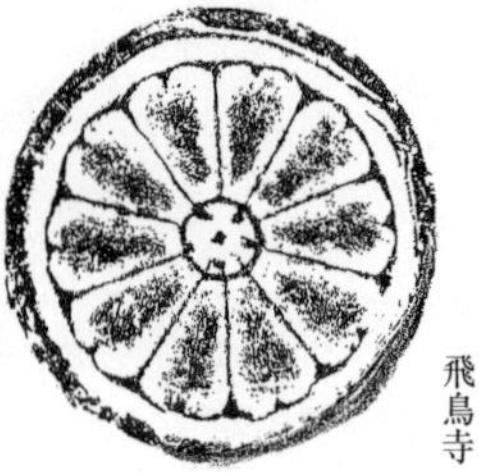

飛鳥寺

星組

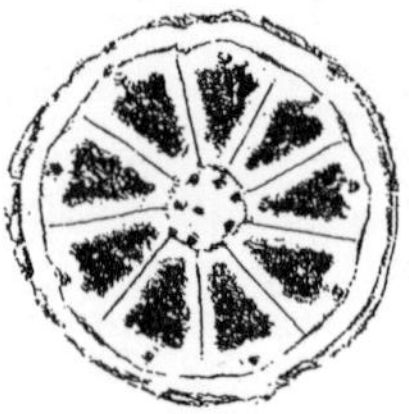

法隆寺

百済系

雪組

豊浦寺

高句麗系

紀代の百済扶蘇山城《ふそさんじょう》のものとそっくりで、百済系と呼ばれている。

これとは別に、中房が突出し、独立したしゃもじ形の弁の中央に隆線(しのぎ)を入れ、弁間に珠点を配する蓮華文が豊浦寺から出土している。これを高句麗系と呼ぶが、高句麗には直接関連する蓮華文はない。いずれにしても、飛鳥寺・豊浦寺の創建に用いられた二系統の瓦当《がとう》文様を手がかりに、初期寺院の広がりやその実態を探っていきたい。なお、七世紀代の瓦当文様の変遷は素弁→単弁《たんべん》→複弁《ふくべん》と変化し、四半世紀(二五年)に分けて編年されている。

飛鳥寺の素弁蓮華文軒丸瓦は十数種がある。弁の形状によって二つに大別できる。一つは桜の花弁のように切り込んだもの(弁端切込み型)と先端が角張りその頂点に珠文をもつもの(角端点珠型)で、前者を花組、後者を星組と呼んでいる。丸瓦部は花組が無段式、星組が有段式につくられる。七世紀第I期には、斑鳩寺をのぞいて通常、軒平瓦《のきひらがわら》はつくられていない。こうした飛鳥寺と同笵《どうはん》の軒丸瓦を使った寺院を探ってみよう。桜組と同笵関係をもつ寺院は、豊浦寺をはじめ和田廃寺・古宮《ふるみや》遺跡(大和)、高麗寺(山背《やましろ》)、衣縫廃寺《きぬぬいはいじ》・船橋《ふなはし》廃寺(河内)、姫寺《ひめでら》廃寺・海龍王寺《かいりゅうおうじ》(大和)などである。

●──飛鳥時代の寺院と軒丸瓦の分布

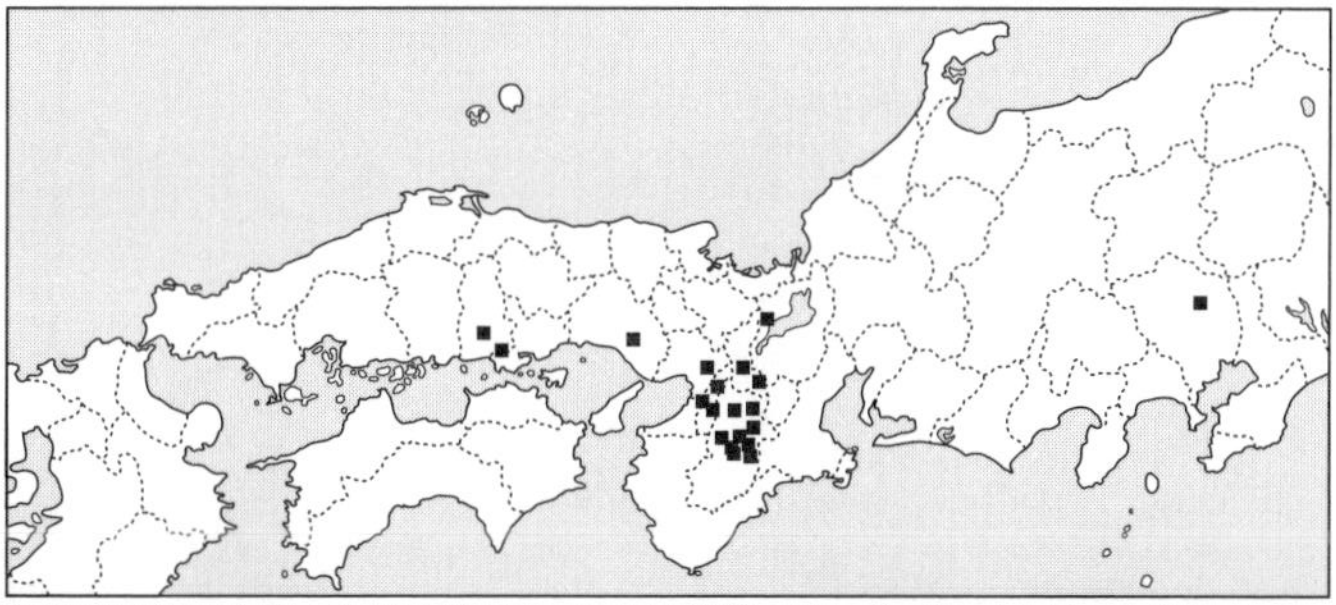

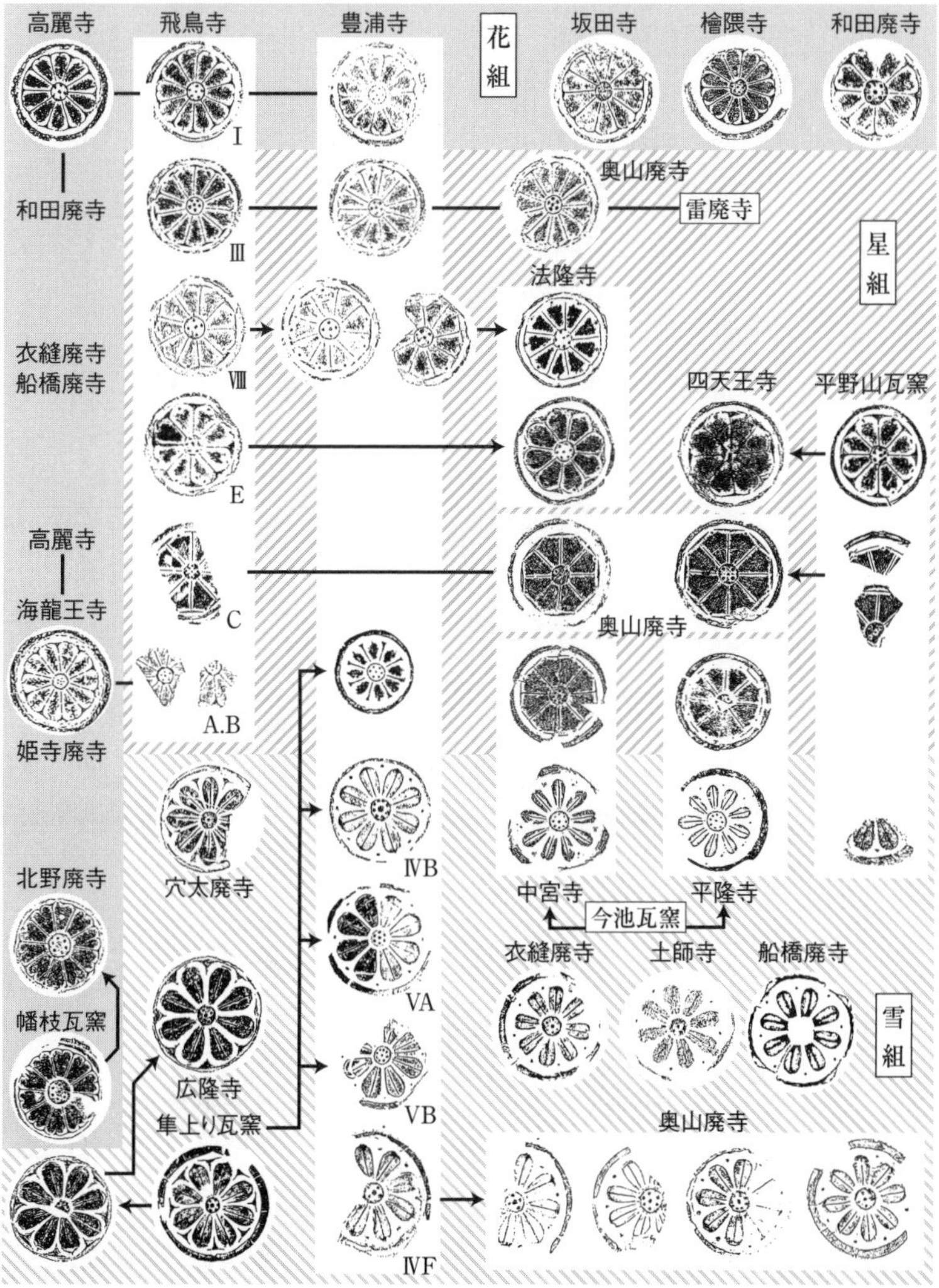

星組と同笵関係をもつ寺院は豊浦寺をはじめ奥山廃寺・雷《いかずち》廃寺・上増《かみます》遺跡・石神《いしがみ》遺跡・斑鳩寺・只塚《ただつか》廃寺(大和)、四天王寺(摂津)などである。中房《ちゅうぼう》に一＋四の蓮子《れんじ》を配する星組の一種は、飛鳥寺で用いられた後、豊浦寺で一＋六に改笵され、さらに斑鳩寺の創建瓦(A)に用いられている。もう一種の斑鳩寺の創建瓦(B)はのちに四天王寺に用いられるものであるが、付近の飛鳥池東方遺跡からも出土している(前ページ図中のⅧおよびEを参照)。

ほぼ同時につくられる豊浦寺は飛鳥寺の百済系花組と星組ともに同笵関係をもつが、主に百済系桜組が使われる。また、飛鳥寺にはない高句麗系軒丸瓦(雪組と呼ぶ)が出土する。四種類があるが、主なものは宇治隼上《はやあが》り瓦窯▲の供給品である。奥山廃寺・和田廃寺・古宮遺跡に同笵例がある。豊浦寺への供給が終わると隼上り瓦窯の笵型は北野《きたの》廃寺所用の幡枝元稲荷《はたえだもといなり》瓦窯と四天王寺所用の楠葉《くずは》平野《ひらの》山《やま》瓦窯に移されて、素弁百済系とともに生産されている。

こうした飛鳥寺・豊浦寺との同笵関係が、ただちに同時代の造営を意味するものではないが、七世紀第Ⅰ期(六〇一〜六二五)中におさまると考えられる。

また同笵関係ではないが、創建瓦に同様の型式をもつ寺院、百済系瓦当の鞍作

▼**隼上り瓦窯**　京都府宇治市にある飛鳥時代の瓦窯。四基の窖窯《あながま》と工房跡が発掘されている。

●—七世紀の軒丸瓦の変遷

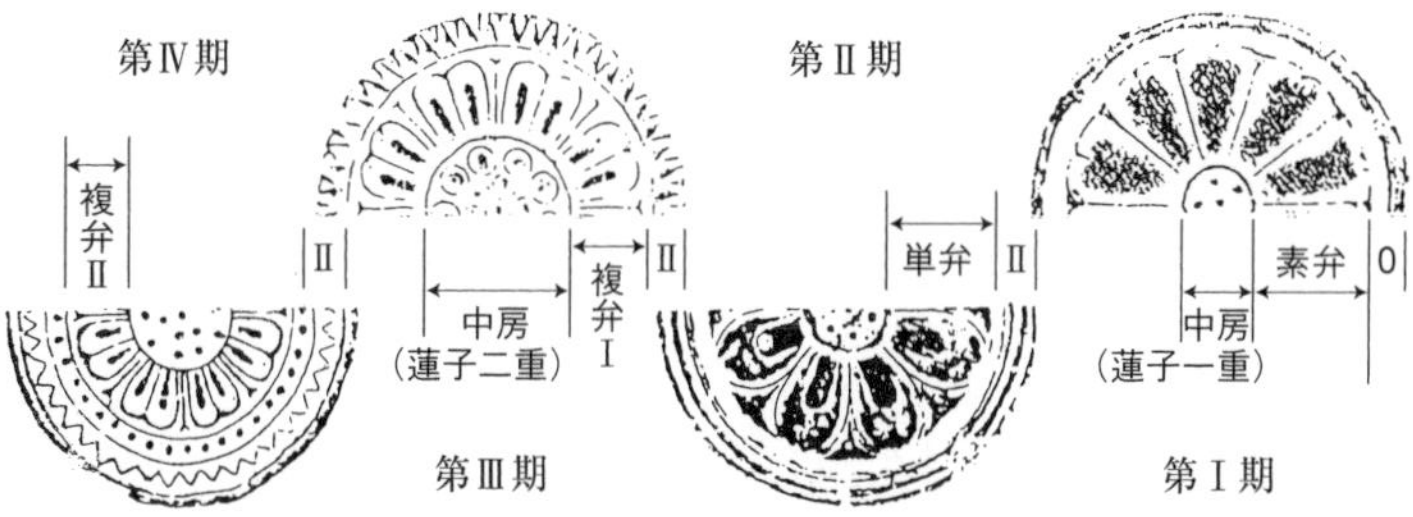

鳥の坂田寺、定林寺《じょうりんじ》・檜隈寺《ひのくまでら》・橘寺・巨勢寺《こせでら》・願興寺《がんこうじ》(大和)、新堂《しんどう》廃寺(河内)、高句麗系瓦当の秦河勝《はたのかわかつ》の建立といわれる蜂岡寺《はちおかでら》〔広隆寺《こうりゅうじ》〕(山背)、穴太《あのう》廃寺(近江)なども初期寺院に含まれよう。飛鳥寺造営を契機とした初期寺院の広がりは畿内を中心に二〇カ寺を越えると考えられる。

また、畿内を離れて西では、吉備の津寺《つでら》・政所《まどころ》遺跡からは奥山廃寺の創建瓦と同型式が、七世紀Ⅱ期(六二六〜六五〇)とみられる末ノ奥《すえのおく》瓦窯から豊浦寺と同笵の軒丸瓦や鬼瓦(平吉《へいきち》遺跡)が出土している。東では武蔵寺谷《てらやつ》廃寺で百済系花組の軒丸瓦が発見され、注目されている。一+四の中房をもつ素弁八弁で、願興寺のものによく似ている。隣接した平谷《ひらやつ》窯跡から七世紀第Ⅰ四半期の須恵器も出土しており、第Ⅰ期に溯る可能性も考えられる。寺谷廃寺の素弁軒丸瓦は、丘陵先端部の限られた範囲から採集されており、捨宅寺院のような仏堂に用いられたのであろう。このような例からみても、初期寺院は畿内を中心にし、造寺の広がりは地方にも飛び石的に波及し始めたとも推定される。次の時期には、確実に仏教の波及は地方にその足跡を残し始める。

③——大王家の寺々と国家仏教へ

大王家の寺——百済大寺

推古朝に権勢を奪っていた蘇我馬子は六二六(推古三十四)年に没する。享年七六歳であったという。葬られた桃原《ももはら》の墓は、私たちもよく知る石舞台《いしぶたい》古墳と考えられている。馬子の死後、その族長権は子の蝦夷《えみし》に継承される。この継承をめぐっては蘇我氏内部に亀裂が入ることになる。その二年後の六二八年、天皇も病に臥して没し、仏教興隆の基礎を築いた推古朝も幕を閉じる。その継承をめぐって、王権内部は対立する。有力な候補者は敏達の孫田村皇子《たむらのみこ》と聖徳太子の子山背大兄《やましろのおおえ》である。大臣蝦夷は田村皇子を、叔父の境部臣摩理勢《さかいべのおみまりせ》は山背大兄を推し、兄弟の蘇我倉麻呂《そがのくらまろ》は意見を言わず棄権した。蘇我氏内部も分裂状態である。こうした中、蝦夷は摩理勢を殺害し、田村皇子の即位を強行した。舒明《じょめい》天皇である。舒明天皇は、律令国家形成に大きな役割を果たした天智《てんち》・天《てん》武《む》両天皇の父である。舒明天皇の即位は、次にくる新しい激動の息吹きを感じさせる時代の幕開けでもあった。

中国も隋から唐に変わる激動の時代である。新たな対外関係を築くため、舒明天皇は六三〇(舒明二)年、はじめての遣唐使を送るほか、高句麗や百済との関係も強化する。しかし、推古・皇極《こうぎょく》両女帝に挟まれた舒明天皇の内政改革に対する評価は高くない。はたしてそうであろうか。

六三九年、「今年《ことし》、大宮《おおみや》及び大寺《おおでら》を造作《つく》らしむ」と宣言し、王都飛鳥の地を離れ、かつての王宮地帯磐余《いわれ》の一画、百済川のほとりに大宮と大寺を計画する。これが王家の寺、百済大寺《くだらおおでら》の造営である。以降、高市大寺《たけちおおでら》→大官大寺《だいかんだいじ》→大安寺《だいあんじ》と変遷し、国家仏教の礎を築いてゆく大寺の誕生である。百済川のほとりを王都として、西の民が宮をつくり、東の民が寺をつくったという。これを指揮する大匠《おおたくみ》▲が書直県《ふみのあたいあがた》であった。舒明天皇は、翌六四〇年百済宮へ移る。大寺に先行して、大宮の造営が急がれたのであろう。しかし、その翌年、舒明天皇はみずからの構想を果たすことなく、新宮で没する。

王位継承はなお山背大兄が有力な候補者であったが、推古の例にならって、舒明天皇の大后宝皇女《たからのひめみこ》が即位する。推古につづく女帝、皇極天皇は先帝の遺志を引き継ぎ、六四二(皇極元)年百済大寺を完成させるために近江と越の人夫

▼大匠　造営のための建設技術責任者。

を動員する。改めて阿部倉橋麻呂《あべのくらはしまろ》と穂積百足《ほづみのももたり》を造寺司《ぞうじし》に任命した。皇極天皇に引き継がれた大寺の完成はいつであろうか。それを示す史料はないが、百済大寺の軒瓦が孝徳《こうとく》朝の大寺四天王寺の整備に使われていることから、六五〇年代にはほぼ完成したのであろう。

天武天皇が浄御原宮《きよみはらのみや》で即位した六七三(天武二)年、百済の地から高市の地に大寺を移し、高市大寺の造営に取り掛かる。造寺司には、美濃王《みののおう》と紀臣訶多麻呂《きのおみのかたまろ》が任命される。では、高市大寺はどこか。建築部材、瓦を移築しての造営であるとすれば、同じ軒丸瓦が出土する寺院であり、寺院規模も同様であろう。しかし、その位置は未だ不明である。同じ瓦を出土する木之本廃寺《きのもとはいじ》やキオン山付近、紀寺《きでら》跡などが、その候補地としてあげられる。しかし多くを納得させる見解には至っていない。天武朝の高市大寺は、文武朝に藤原京内に再度移転する。そして平城遷都にともなって、大安寺として生まれ変わるのである。こうした造営過程については、『書紀』および『大安寺伽藍縁起 幷 流記資財帳《だいあんじがらんえんぎならびにるきしざいちょう》』▲に詳しい。

のちに国家仏教を担う百済大寺の建立にこそ、蘇我氏が占有していた仏教の

▼大安寺伽藍縁起幷流記資財帳
七四七(天平十九)年、大安寺が僧綱に提出した創建の由来や資財・寺領などを記したもの。

●—百済大寺・高市大寺の沿革

年号	事項	典拠	寺
639(舒明11)	大宮と大寺をつくる。百済川のほとりを宮地とし、西の民は宮をつくり、東の民は寺をつくる。書直県をその大匠とする。	書紀	百済大寺
	百済川のほとりに九重塔を建てる。	書紀	
	百済川のほとりに子部社を切りひらいて、九重塔を建てる。百済大寺と号する。	縁起	
	社部神の怨により、九重塔と金堂の石鴟尾を焼破。	縁起	
640(舒明12)	舒明、百済宮に移る。	書紀	
641(舒明13)	舒明、百済宮で死去。宮の北で殯を行なう。	書紀	
642(皇極元)	百済大寺を建てるために、近江と越の人夫を動員。	書紀	
	阿倍倉橋麻呂と穂積百足の二人を造寺司に任命。	縁起	
645(大化元)	恵妙法師を百済寺の寺主とする。	書紀	
650(白雉元)	丈六・脇侍・八部など三六体の繍仏をつくる。	書紀・縁起	
651(白雉2)	丈六の繍仏などが完成する。	書紀・縁起	
668(天智7)	丈六釈迦仏像ほかの諸像を百済大寺に安置する。	略記	
673(天武2)	天武、飛鳥浄御原宮で即位。	書紀	高市大寺・天武朝大官大寺
	美濃王と紀臣訶多麻呂を造高市大寺司に任命する。	書紀	
	御野王と紀臣訶多麻呂の二人を造寺司に任命する。百済の地から高市の地に寺を移す。	縁起	
677(天武6)	高市大寺を改めて、大官大寺と号する。	縁起	
682(天武11)	大官大寺で一四〇人あまりを出家させる。	書紀	
685(天武14)	大官大寺・川原寺・飛鳥寺で経をよませる。	書紀	
694(持統8)	持統、藤原宮へ移る。	書紀	
701(大宝元)	造大安寺官と造薬師寺官を寮に準じさせる。	続紀	文武朝大官大寺
	造塔官と造丈六官を司に準じさせる。	続紀	
702(大宝2)	高橋朝臣笠間を造大安寺司に任命する。	続紀	
この頃(文武朝)	文武、九重塔と金堂を建て、丈六の仏像をつくる。	縁起	
710(和銅3)	元明、平城宮へ移る。	続紀	
711(和銅4)	大官大寺、焼け落ちる。	略記	
716(霊亀2)	(大安寺を)平城京へ移し建てる。	続紀	大安寺
880(元慶4)	百済大寺と「高市大官寺」の旧寺地である、十市郡百済川辺の田一町七段一六〇歩と、高市郡夜部村の田一〇町七段二五〇歩を、大安寺の願い出によって返還する。	実録	

凡例：書紀＝日本書紀、縁起＝大安寺伽藍縁起幷流記資財帳、略記＝扶桑略記、続紀＝続日本紀、実録＝日本三代実録

小澤 1997の年表による。

祭祀権を奪取しようとする舒明天皇の密かな意図を読み取りたい。また、大宮と大寺をセットにした王都づくりは、皇極朝の板蓋宮《いたぶきのみや》と高市大寺、孝徳朝の難波宮《なにわのみや》と四天王寺、天智朝の大津宮《おおつのみや》と南滋賀廃寺《みなみしがはいじ》、天武朝の浄御原宮と大官大寺と続き、都城制成立とともに条坊内に組み込まれていく。

吉備池廃寺の発掘

王家の寺・百済大寺の推定地について、文献史からは広陵町百済をあてる説、百済や百済川の呼称がのこる橿原市高殿説が提示されてきた。考古学では、高殿に接した木之本廃寺から出土する軒瓦が百済大寺の造営年代に一致することから、この木之本廃寺が一九八〇年代には百済大寺の有力な候補地となっていた。そして、同種の軒瓦を出土する香久山の東側、桜井市の吉備池付近がその瓦窯跡であろうと考えられてきたのである。

一九九七(平成九)年、奈良国立文化財研究所は桜井市教育委員会と共同で吉備池堤防に残る土壇状の高まりを発掘調査した。当然、寺院を確証して発掘したわけではなかったが、調査が進むに従ってそこに現われたのは、瓦窯ではな

● 吉備池廃寺と創建軒瓦

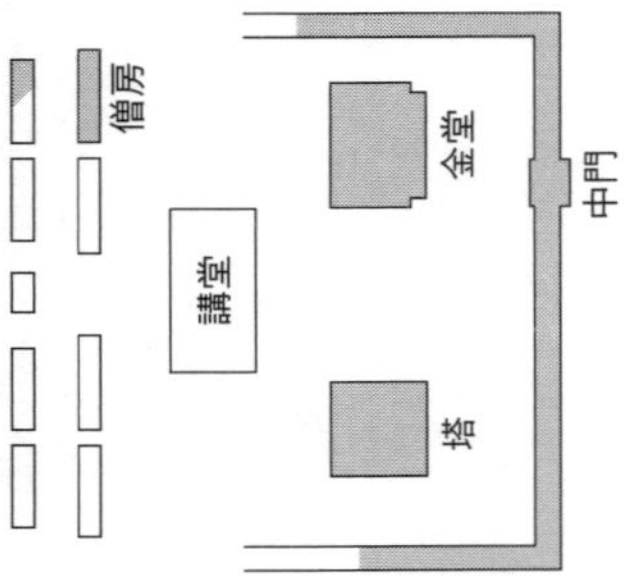

●—吉備池廃寺の発掘と伽藍

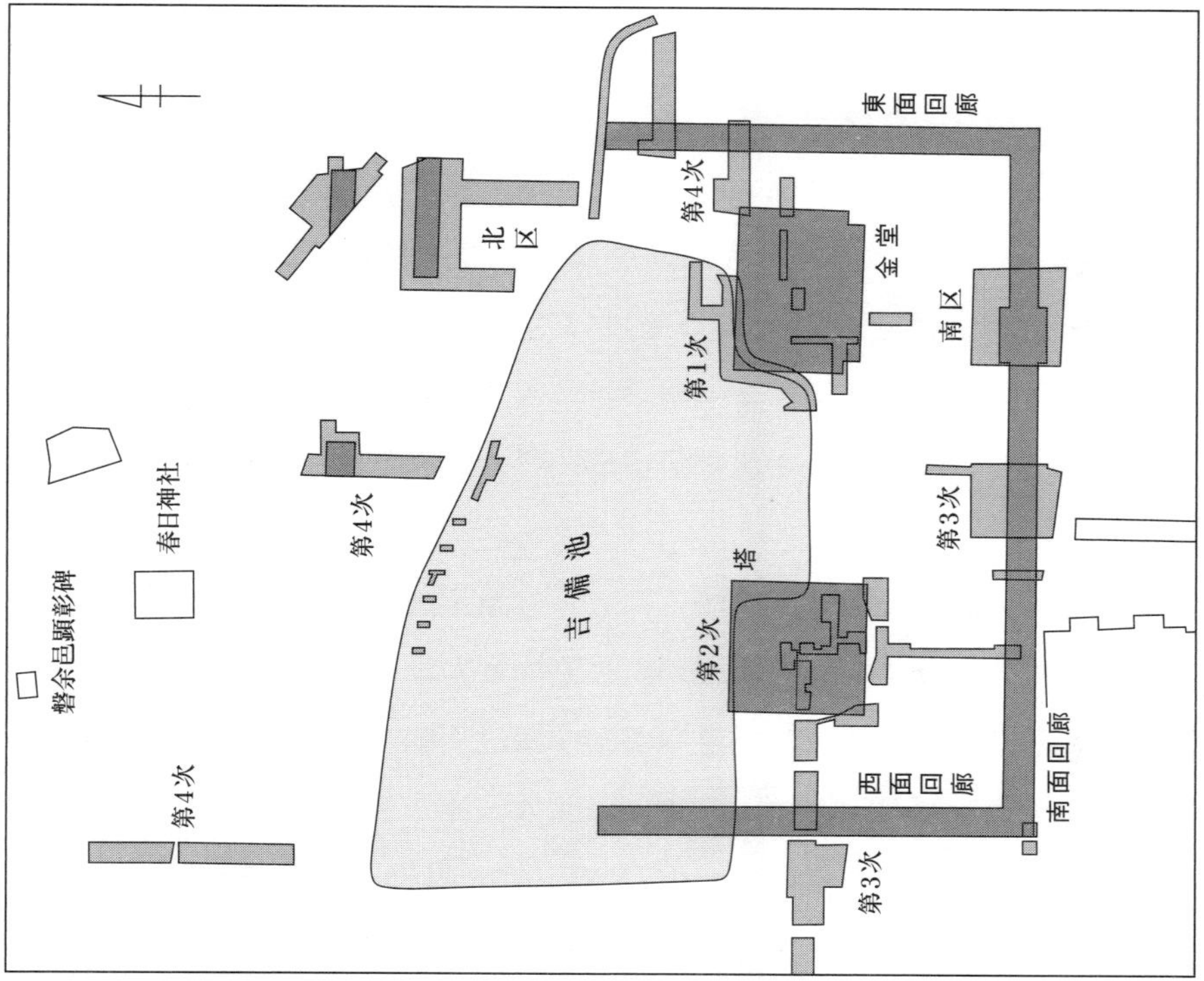

く丁寧に版築された巨大な基壇と掘込み地業の痕跡である。その規模は東西三七メートル・南北二八メートル、面積にして一〇〇〇平方メートルに達する途轍もなく大きい基壇であった。金堂であれば、飛鳥寺中金堂の三倍近くある大きさである。他の寺院に較べて出土遺物は極端に少ないが、木之本廃寺と同笵の山田寺式の祖形となる軒丸瓦と斑鳩寺Ⅱ期のスタンプ忍冬唐草文軒平瓦の組み合わせである。この発掘調査によって、吉備池《きびいけ》廃寺が百済大寺である可能性が一気に高まった。

翌九八年には、西側の堤防上の土壇の発掘調査が実施された。掘込み地業は行なわず地山を整地したのち、細かく版築された一辺が約三〇メートルの方形の塔の基壇であった。その中央には大きな長方形(東西約六メートル×南北約八メートル)の心礎の抜き取り穴が検出され、その大きさから心礎は直径三メートル以上のものであったと推定される。また、西側では巨大な心礎を基壇上に運搬するためのスロープがつくられていた。基壇をある程度構築したのち、心礎を据え付けさらに版築して完成させている。基壇上面はすでに削平されているため、基壇高はわからないが、山田寺と同じようであれば壇中式の心礎であ

●吉備池廃寺軒丸瓦の変遷

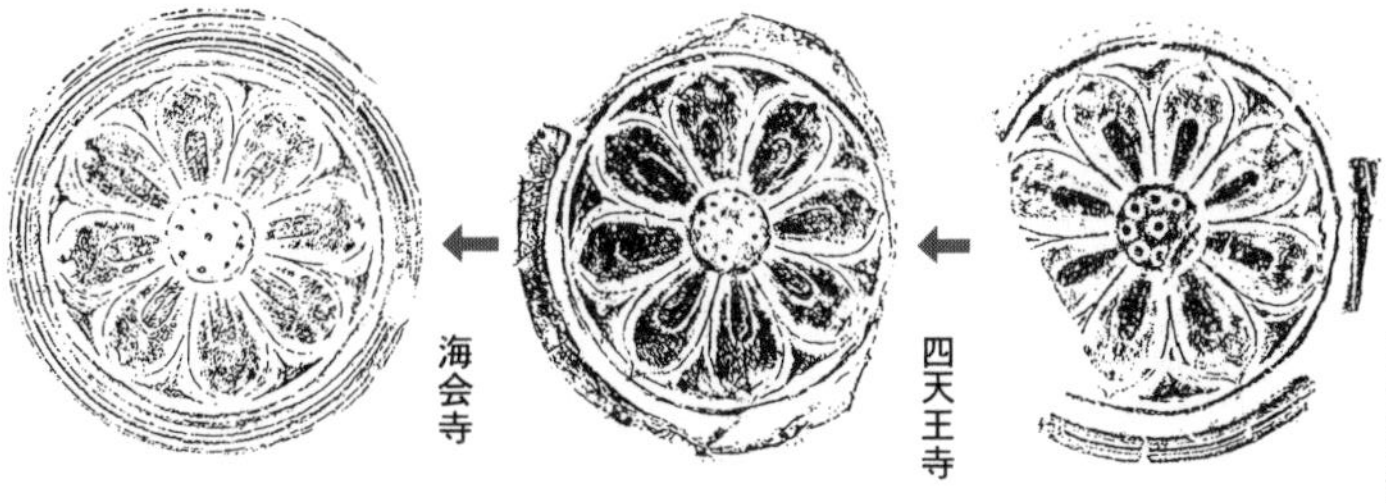

ったと推定される。とすれば、基壇高は約三メートル(残存高約二メートル)あったと考えられる。また、基壇の大きさからみて、一間四面の塔ではなく、大官大寺と同じ三間四面の規模をもち史料のとおり九重塔であったと考えられる。この結果、西側の基壇が塔、東側の基壇が金堂とする法隆寺式伽藍であることが判明した。

ところが、続いて行なわれた中門・回廊の調査では、回廊は確認できたものの、金堂と塔の中心にあるべき中門は検出されなかった。講堂や中門は発見されず、その伽藍配置については謎が深まったが、二〇〇一年の調査で金堂の前に中門が位置することが判明した。しかし、法隆寺式伽藍であれば金堂と塔との中軸線上に設置されるはずであるが、東側にずれて中門がつくられた理由はまだ謎のままである。

また、金堂・塔が巨大なのに、中門の基壇(東西一二メートル×南北九・八メートル)や回廊の基壇幅(五・六メートル)は飛鳥寺の規模より小さいのである。金堂と塔をより引き立たせる効果を狙ったのであろうか。あわせて行なわれた金堂北方の調査では、大きな東西棟の建物(一一間×二間)が検出され僧房の一部とされている。しかし、講堂は依然として確認できず、北回廊に取り付くのか、その外側に位置するのか、未だ解決されていない。いずれにしても、この雄大な寺院や出土遺物の年代、そして瓦や礎石・基壇化粧の石材がすべて抜き取られているという事実。こうした移築の形跡の認められる吉備池廃寺が、百済大寺であることは揺るぎがたい。

大化改新と仏教政策

六四五(皇極四)年、約半世紀にわたる蘇我氏の専制政治が終焉を迎えた。中大兄皇子《なかのおおえ》と藤原鎌足《ふじわらのかまたり》らによるクーデタである。これを乙巳《いっし》の変という。この大化改新ともいわれる古代史上の画期は、古来、王権が保持していた権限・権威を取り戻し、仏教の祭祀権を掌握した王権が新しい政治体制を樹立した点にある。こうした国内の政変は、唐の帝国的拡張政策にともなう朝鮮三国の緊迫した政治情勢や変革とも、また王権の支配の及ばない北のエミシの動向にも連動したものであった。

皇極の譲位によって実現した孝徳天皇は、王都を難波宮に移した。国内諸制

●——七世紀第Ⅱ期の軒丸瓦(法隆寺)

度の改革に着手するとともに、国造制から評制へと地方を新しい支配秩序に再編していくのである。その支配イデオロギーの中核に仏教をおき、大寺を頂点とした国家仏教への道を歩みはじめるのである。「凡《おほよ》そ天皇より伴造《とものみやつこ》に至るまでに、造る所の寺、営《つく》ること能《あた》はずは、朕皆《みなたす》助け作《つく》らむ」との仏教興隆の詔は、地方の支配秩序編成とともに仏教が浸透しはじめ、それらの首長層の造寺活動が活発化する大きな契機となった。

百済大寺で「王権の紋章」として成立した山田寺式軒瓦は、難波宮の大寺として整備された四天王寺で使われる。そして、最後にその同笵瓦《どうはん》は河内豪族の氏寺海会寺《かいえじ》で用いられ、その役目を終える。こうして飛鳥時代後半、山田寺式と呼ぶ新しい単弁の瓦当文様を生み出したが、七世紀第Ⅱ期(六二五～六五〇)に用いられる瓦当文様は、素弁系がなお主流であった。

飛鳥時代後半の素弁を、山背大兄時代(六三〇～六四三年)の斑鳩寺の瓦当文様を基準にみてみよう。瓦当の径(一八センチ)が大きく、中房が半球状を呈する「船橋廃寺式」あるいは「軽寺式《かるてら》」、弁が多く細弁となる型式、素弁の中に忍冬《にんどう》文《もん》を配するもの、中房が大きく蓮子が二重に廻るものなどがこの時期のものである。こうした瓦を創建時に用いる寺院としては、軽寺・大窪寺《おおくぼでら》・法輪寺《ほうりんじ》・寺《てら》戸廃寺《どはいじ》(大和)、船橋廃寺・西琳寺《さいりんじ》(河内)などがあげられよう。

また船橋廃寺式は、末ノ奥瓦窯や宿寺山《しゅくてらやま》遺跡(吉備)、毘沙門山下《びしゃもんやました》遺跡(備後)でもみられ、西国の山陽道筋にもその広がりをみせている。東国をみると尾張元興寺《がんごうじ》では河内野中寺《やちゅうじ》の忍冬文軒丸瓦と同笵瓦が、相模宗元寺《そうげんじ》でも西安寺《さいあんじ》の忍冬文軒丸瓦の同笵瓦が創建瓦に用いられている。さらに東の上野山王《さんのう》廃寺では巨勢寺と同様の幾何学形素弁や飛鳥田中《たなか》廃寺の素弁八弁蓮華文軒丸瓦と同型式が創建瓦である。山王廃寺は山ノ上碑▲から、「辛巳《しんし》年」＝六八一年以前につくられたことは確実である。山王廃寺の伽藍の完成は複弁七弁軒丸瓦を用いる七世紀第Ⅳ期であるが、捨宅寺院としての創建は七世紀第Ⅱ期に遡る可能性は高い。事実、寺院とは異なるそれ以前の掘立柱建物が検出されている。

さらに北の陸奥腰浜《こしのはま》廃寺(福島市)や黒木田《くろきだ》遺跡(福島県相馬市)でも素弁や隼《はや》上《あが》り瓦窯の高句麗系軒丸瓦と同型式が出土している。陸奥最北端の伏見《ふしみ》廃寺(宮城県大崎市)でも素弁系軒丸瓦が出土している事実から、飛鳥時代の後半にはかなりの範囲で仏教が波及していたことが想定できるのである。

▼**山ノ上碑**　上野三碑の一つ。「辛巳年」＝六八一年に放光寺僧長利が母のために記した墓碑。この年以前に放光寺(山王廃寺)が存在していることがわかる。

大臣の寺——山田寺と安倍寺

王権の紋章としての山田寺式は、詔にあるように臣《おみ》・連《むらじ》から国造にいたる群臣層の造寺に用いられていくのである。改新政府の右大臣となった蘇我倉山田《そがのくらやまだ》石川麻呂《いしかわまろ》の寺——山田寺《やまだでら》、左大臣阿倍内麻呂《あべのうちのまろ》の寺——安倍寺《あべでら》は、いずれもこの山田寺式を飾っている。

山田寺は一九七六(昭和五十一)年以来、奈良国立文化財研究所による継続調査によってその全貌が明らかになった。伽藍配置は四天王寺式であるが、回廊は講堂に取り付かず金堂のうしろで閉じている。東側回廊がそのまま倒壊して検出されたことは記憶に新しい。また、飛鳥時代の建築様式を知るうえでも多くの知見を得ることができた。南門は二間×三間で、中央の間のみ扉がつく「三間一戸《さんげんいちど》」ではなく、三間ともに扉をもつ「三間三戸」の珍しい形式であった。

塔の心礎は壇中式で、方三間の五重塔である。塔と金堂を結ぶ石敷き参道には石灯籠や金堂への礼拝石が設けられていた。金堂は法隆寺とほぼ同規模であるが、身舎《もや》・庇《ひさし》とも二間×三間の特異な柱間で屋根を支える梁や垂木が扇状となる構造であることが判明した。玉虫厨子《たまむしのずし》▲と同じ構造である。また、塔や金堂

●——山田寺と創建軒瓦

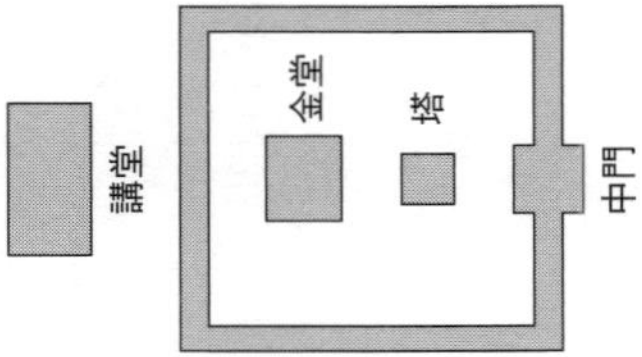

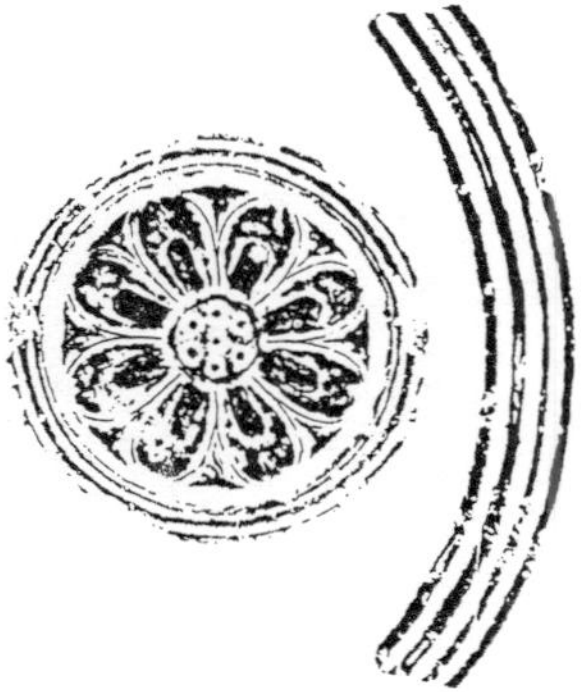

▼玉虫厨子　法隆寺所蔵の七世紀前半の漆塗り厨子。名称は須弥座上の宮殿座の金具部が玉虫の羽で装飾されていることに由来する。

●──山田寺の金堂と回廊

金堂全景(北西より)

連子窓(13・14間目、東より)

の壁面は出土した塼仏《せんぶつ》▲や押出仏《おしだしぶつ》▲で飾られ、その荘厳さを高めていた。塔と金堂を囲む回廊は単廊であり、法隆寺のものよりずんぐりとし、連子窓の採光性も低い。講堂は桁行八間×梁間四間で、南面はすべて扉をもち、北側は中央二間が扉となっていた。このほか宝蔵と見られる総柱の建物が発見されている。

山田寺については『法王帝説』の裏書《うらがき》にその造営過程が記されている。

六四一年(舒明十三)　(山田寺を)始む。地を平す。
六四三年(皇極　二)　金堂を建立。
六四八年(大化　四)　僧侶が住みはじめる。
六四九年(大化　五)　右大臣(石川麻呂)害にあう。
六六三年(天智　二)　造塔を計画する。
六七三年(天武　二)　塔の心柱を立て、舎利を納める。
六七六年(天武　五)　露盤を上げ、塔完成する。
六七八年(天武　七)　丈六仏像を鋳造する。
六八五年(天武十四)　丈六仏像の開眼供養《かいげんくよう》を行なう。

山田寺の造営が五〇年の長期間にわたっていることは、謀叛《むほん》の罪で自害した

▼**塼仏**　粘土板に仏像を半肉彫りに表現した焼成品。漆を塗り金箔を施す。堂塔の壁面や須弥壇《しゅみだん》の荘厳具として用いる。

▼**押出仏**　銅板を凸型の仏像型の上で、叩き出して浮き彫りにしたもの。鍍金《ときん》を施す。用法は塼仏と同じ。

檀越《だんおつ》の石川麻呂の変によるものであろう。中断にもかかわらず造営が進められたのは、孫にあたる天武の皇后(のちの持統《じとう》天皇)の援助が大きかったと推定される。石川麻呂の三十七回忌にあわせて、丈六仏像の開眼会が行なわれている。この仏像は十二世紀末に興福寺に持ち出され、「山田寺仏頭▲」として白鳳仏の面影を今日まで伝えている。また、法隆寺献納仏とされる「山田殿」の銘をもつ阿《あ》弥《み》陀《だ》三像の小金銅仏《しょうこんどうぶつ》も山田寺のものであった。なお、使われた軒瓦・鬼瓦・垂木先瓦はすべて山田寺式で統一されているが、堂宇の造営順によって造瓦技法や使われた軒瓦が異なっている様子が解明されている。

左大臣阿倍内麻呂は、皇極朝の百済大寺の造寺司倉橋麻呂である。『書紀』六四八年には四天王寺の塔の仏像や霊鷲山《りょうじゅせん》▲をつくったことが記され、大寺としての四天王寺の整備にも倉橋麻呂が関わっている。阿倍氏の本拠地は現在の桜井市阿部であり、そこに所在する安倍寺跡がその氏寺である。鎌倉時代につくられた『東大寺要録《とうだいじようろく》』には倉橋麻呂が建立したと伝えている。その創建瓦に山田寺式を採用していることからも、その可能性は高い。その伽藍配置は塔を西に、金堂を東に配する法隆寺式伽藍に推定されている。しかし、桜井市教育委員会

▼**山田寺仏頭**　山田寺の丈六仏は、一一八七(文治三)年興福寺東金堂に移されたが、その後の消息は不明となっていた。第二次大戦前の東金堂の解体修理中、須弥壇の下から仏頭のみが発見された。

▼**霊鷲山**　釈迦の居住した王舎城にある小高い山。釈迦の浄土をあらわすもの。

●—安倍寺と創建軒丸瓦

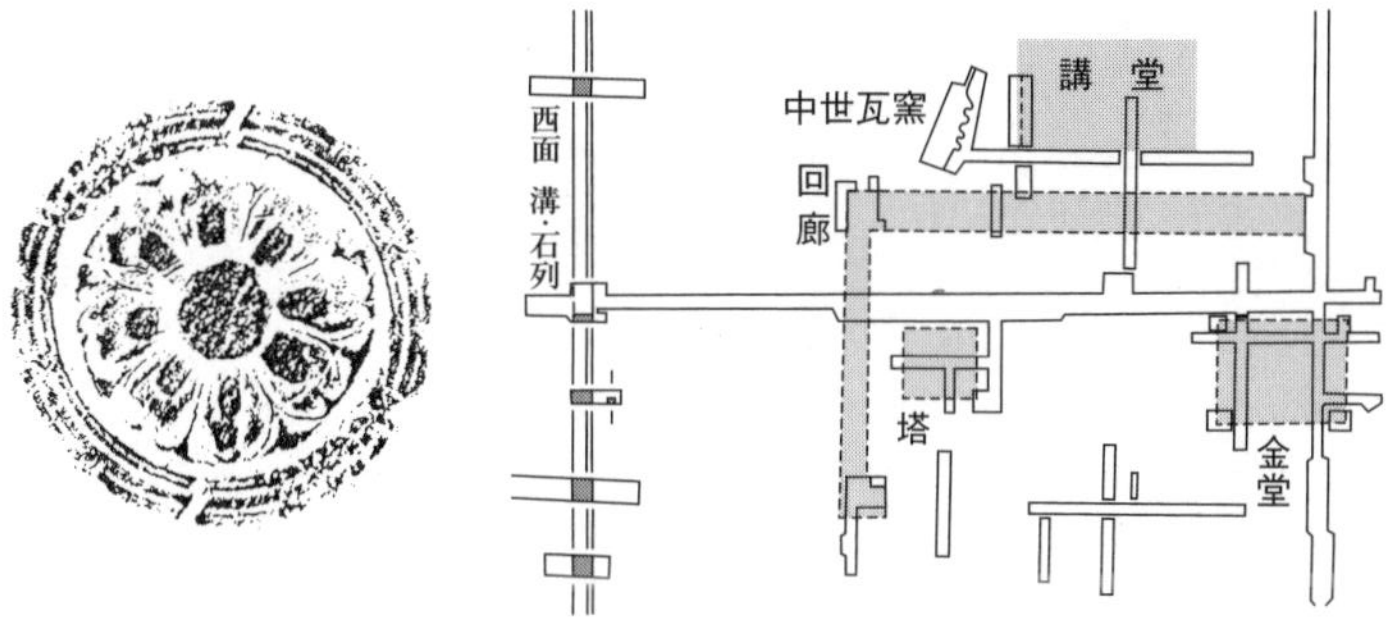

による近年の発掘調査では、西を正面とした四天王寺式伽藍配置を想定する見解も提示されている。

いずれにしても大臣の寺も「王権の紋章」が採用されており、以下群臣の寺々にも用いられたのであろう。畿内の山田寺式軒瓦を採用した多くの寺院は、大王家の寺すなわち百済大寺の建立を契機として、急速に広がっていったものと考えられる。

山田寺式軒瓦の地方への波及

山田寺式軒瓦は畿内のみならず、西は安芸横見廃寺《よこみはいじ》・明官地廃寺《みょうかんじ》から上野上《かみ》植木《うえき》廃寺まで多くの地方寺院に採用されている。山田寺式軒瓦が地方寺院の成立に関与していることがわかる。こうした地方寺院への波及の時期を、いつに捉えるかという問題は、考古学・古代史上からも重要な課題である。広義の山田寺式にもいくつかの細別型式があり、時期を限定できない側面もある。しかし、その波及の時期を七世紀第Ⅲ期(六五一〜六七五年)に求めることは、さほど無理なことではない。

●——山田寺式軒瓦の分布と構造

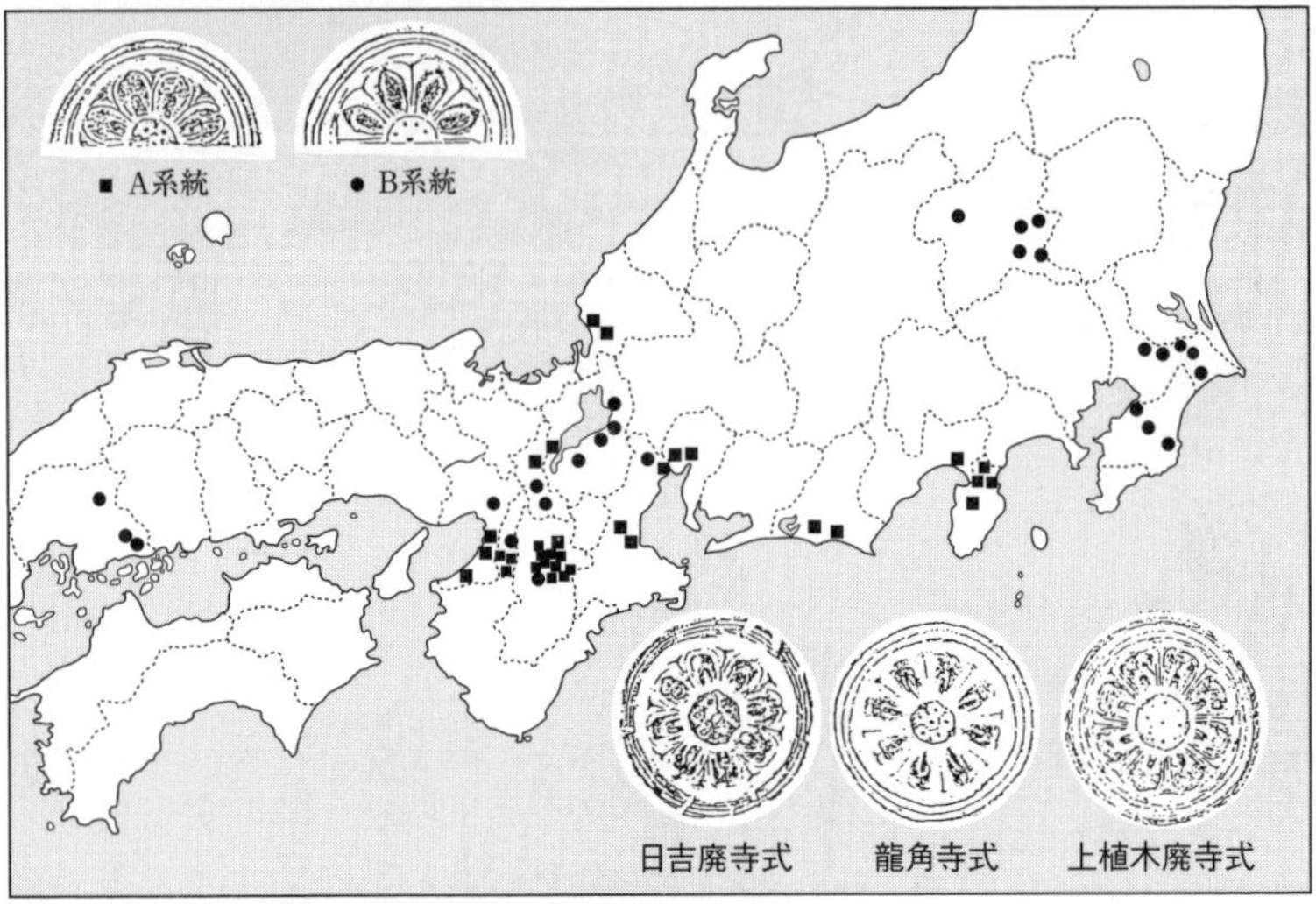

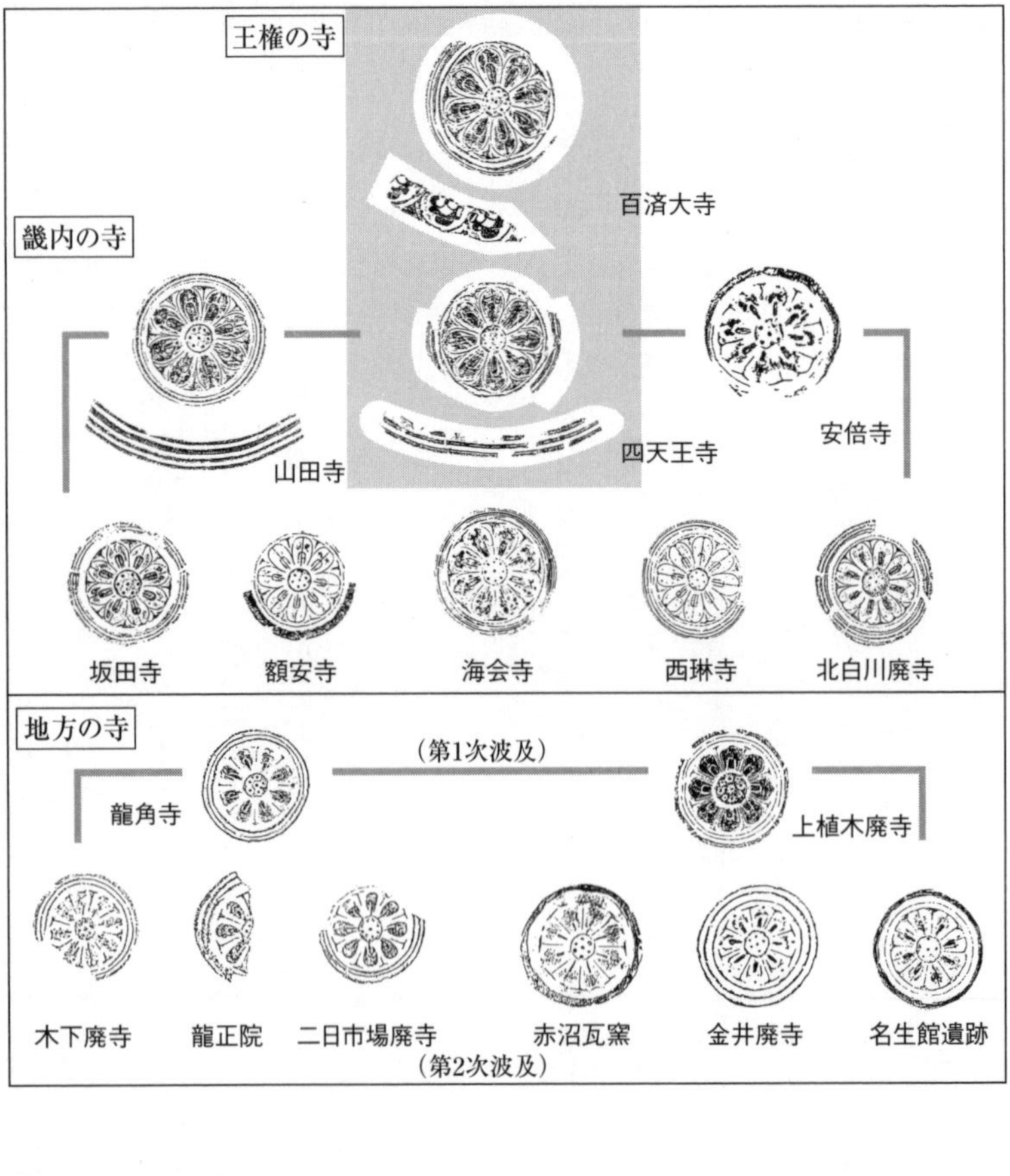

「大化改新《たいかのかいしん》」以降の仏教興隆策や評制《ひょうせい》▲移行への在地の再編を契機として、在地における造寺活動が本格化していったと考えられる。地方寺院の造営者は、評制の施行にともなって再編された国造《こくぞう》層、のちの郡司《ぐんじ》層である。地方の王から国家機関の評領として再編された在地支配者層が、みずからの位置は確保できたとしても、「古墳」にかわる新しい在地の支配秩序・支配原理の確立は必須であった。その支配原理を従来の祖霊追善と現世利益の普遍性をもった仏教に求めることは当然の帰着であった。仏教は地方においても政治的なイデオロギーとして受け入れられたのであった。

では、そうした実態を下総 龍角寺《りゅうかくじ》を中心に探ってみよう。龍角寺は千葉県印旛《いんば》郡に位置し、大化前代の印波《いんば》国造の支配領域であった。八世紀の律令制下では埴生《はにゅう》郡と印旛郡になっていることから、大化の立評《りっぴょう》にあたって、その支配領域は公津原《こうづはら》古墳群と龍角寺古墳群を形成した二つの勢力に分割されたのであろう。その一方の埴生郡に位置している。多くの古代寺院が廃寺となって地下に埋もれる中、龍角寺は幾多の盛衰・風雪に耐え、今日まで法灯を守り続けている。また、東国の寺院では数少ない白鳳仏の銅製薬師如来《やくしにょらい》像が伝えられている。

▼評制　大宝律令以前の地方行政組織で、郡の前身呼称。六四九(大化五)年国造制の廃止により、全国的に設置された。

●—龍角寺境内

●―薬師如来像(龍角寺)

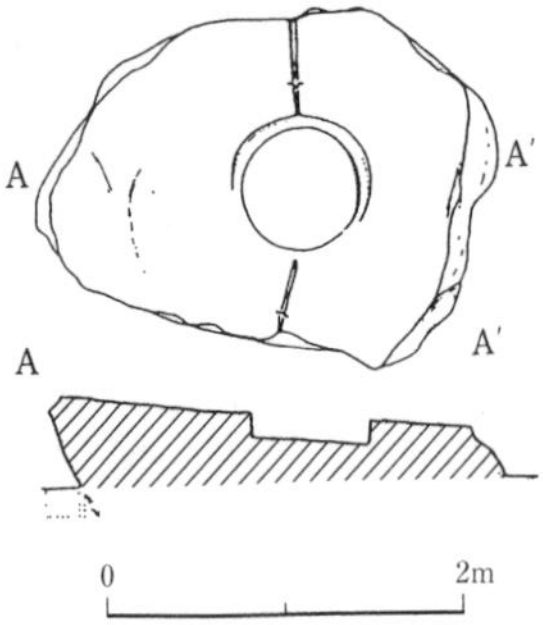

●―龍角寺塔心礎

ることでも著名な寺院である。龍角寺の前方には七世紀前半に築造された最大規模の方墳岩屋《いわや》古墳をはじめとする龍角寺古墳群(総数一二四基)が形成される。

伝えられる縁起は、七〇九(和銅二)年龍女が現われ、一夜にして七堂伽藍が建立されたとする化身祈雨伝承で語られる。信頼性の乏しいものであるが、長らく龍角寺の創建を八世紀初頭におく根拠となっていた。現境内には塔の心礎と南門とみられる花崗岩製の礎石が残されている。戦後、早稲田大学を中心とした金堂・塔の発掘調査、隣接した龍角寺瓦窯、北方の五斗蒔《ごとまき》瓦窯の調査が行なわれている。龍角寺は、塔を東に金堂を西に配した法起寺式伽藍配置である。

金堂基壇(東西約一五・六×南北一二・四メートル)は地山を削り出し、その上から版築して成形している。礎石や据付痕は検出できなかったが、基壇規模からみて、三間四面の金堂であろう。塔の基壇(一辺九・一メートル)は地山に直接版築しており、心礎(二・五×一・八メートル)はほぼ原位置を保っていることから地上式であったと推定される。心礎中央には円形舎利孔(径六四センチ、深さ一三センチ)が穿たれ、その外周には輪環溝《りんかんこう》と水抜きの溝が南北に設けられている。南門は金堂の中軸線の南六〇メートル以上離れた位置にあり、一二個の礎

●――龍角寺創建軒丸瓦

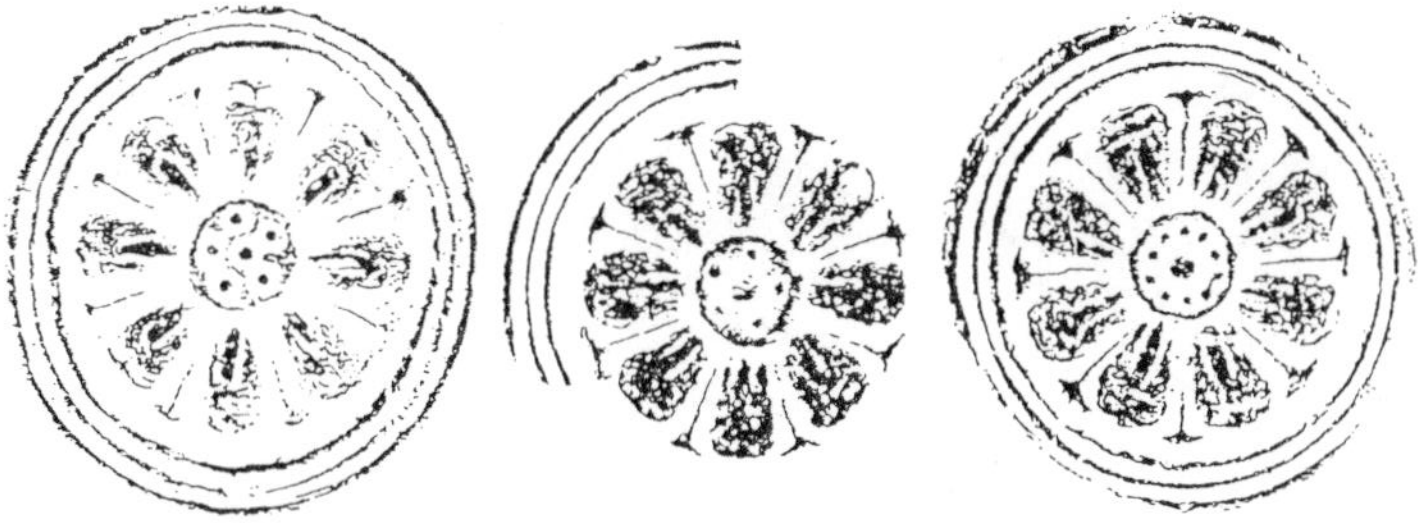

石が残ることから八脚《はっきゃくもん》門であった。南限の門が金堂の正面にあることから、創建時は金堂のみであったところに、西に塔を建立し伽藍を整備したとも考えられる。出土した山田寺式軒丸瓦にも中房の蓮子を改笵した三段階の変遷が認められ、伽藍整備が長期にわたっていることが窺われる。

いずれにしても山田寺式軒瓦は、龍角寺に畿内から直接導入され、龍角寺を中心として下総・上総の在地の十数カ寺に二次的広がりが認められる。龍角寺は房総の中核的寺院であった。そして、その系譜の八世紀の軒丸瓦は陸奥菜切《なぎり》谷《や》廃寺(宮城県加美町)にも拡がっている。また、上植木廃寺も山田寺式の上野における中核的寺院の一つである。武蔵の寺院や陸奥の名生館《みょうだて》遺跡(宮城県大崎市)の軒丸瓦も上植木廃寺の山田寺式から派生している。畿内政権の東北進出の海上の拠点が下総であり、陸上の拠点が上野であり、その前線に中央の先進的な文化が飛び石的にはいってきたとも考えられる。

④―国家仏教への道

天智朝の寺院――川原寺と南滋賀廃寺

山田寺式軒瓦が全国的に拡がる背景を、孝徳朝の評制施行の地域再編に伴う在地の動向の一つとして捉えた。しかし、律令国家形成への道のりは、白村江《はくそんこう》の戦（六六三年）にみられる対外戦と壬申《じんしん》の乱（六七二年）という内戦、二つの戦争の試練を乗り越えなければ、達成されない激動の時代である。おそらく、地方寺院の造営も一気に進んだわけではない。こうした激動の時代につくられたのが、川原寺《かわらでら》と大津宮の大寺南滋賀廃寺《みなみしがはいじ》である。

飛鳥の王都の中心部につくられた川原寺の造営が、斉明朝（六五五〜六六一）であったのか天智称制《しょうせい》▲期（六六一〜六六七）であったのか、実のところよくわからない。川原寺は天武朝以降、国家仏教を支える中核寺院として飛鳥寺・大官大寺・薬師寺《やくしじ》とともに四大寺の一つに数えられていた。にもかかわらず、藤原《ふじわら》京《きょう》から平城京《へいじょうきょう》への遷都に際し、前三寺が移転され国家寺院の地位を保証されるのに対し、なぜか川原寺のみ飛鳥の地にとどめられる。おそらく創建の由来

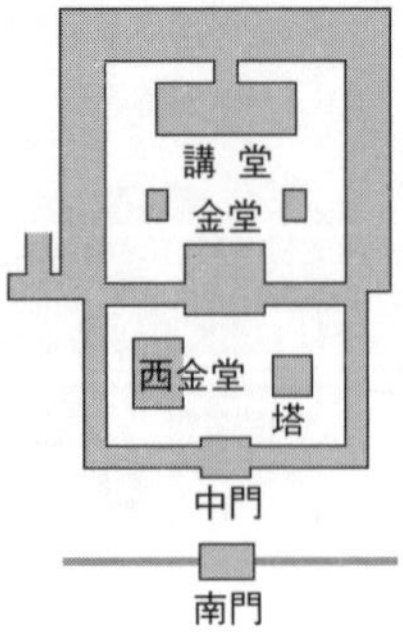

●―川原寺と創建軒瓦

や性格にかかわるものと考えられる。

川原寺は規模や伽藍配置からみて、大王家の寺としてつくられた大寺であったに違いない。創建は天智称制期とする説が有力であるが、ここでは斉明《さいめい》朝の大寺として、その造営が計画されたと考えたい。一時、斉明天皇の殯宮《もがりのみや》▲として用いられたのち、天智称制期にもその造営は継続したのであろう。『書紀』六七三(天武二)年には、川原寺で「書生《かきて》」を集めて一切経を写経させる記事がみられ、この頃にはすでに完成していたとみられる。川原寺が斉明天皇ゆかりの寺であり、菩提寺《ぼだいじ》と考えるならば、故地飛鳥にとどめられた謎も解ける。

川原寺の伽藍は一塔二金堂の川原寺式ともいうべき配置をとる。塔の心礎は壇中式で、舎利容器や荘厳具は検出されなかったが、版築土の中から無文銀銭《むもんぎんせん》や金銅小円板などの鎮壇具《ちんだんぐ》が発見された。回廊は中金堂に取り付き、その北の講堂は、コの字形に三面僧房《さんめんそうぼう》で囲まれている。寺域の南門は中門よりやや大きくつくられるが、東門(三間×三間)はさらに大きい。これは王都飛鳥を南北に貫く幹線道路(のちの中《なか》ツ道)に面していたからだと考えられている。また、用いられた川原寺式と呼ばれる瓦当文様は面径も大きく、蓮弁は複弁となり、外

▼**称制**　天皇の死後、皇太子や皇后が王権を執行すること。『書紀』では称制開始を元年とする。

▼**殯宮**　殯は埋葬までの間、遺体を喪屋に安置し近親者が奉仕すること。殯宮とは、宮に接近してつくられた大王・天皇・王族らの喪屋をいう。その期間は数年にわたるものもあった。

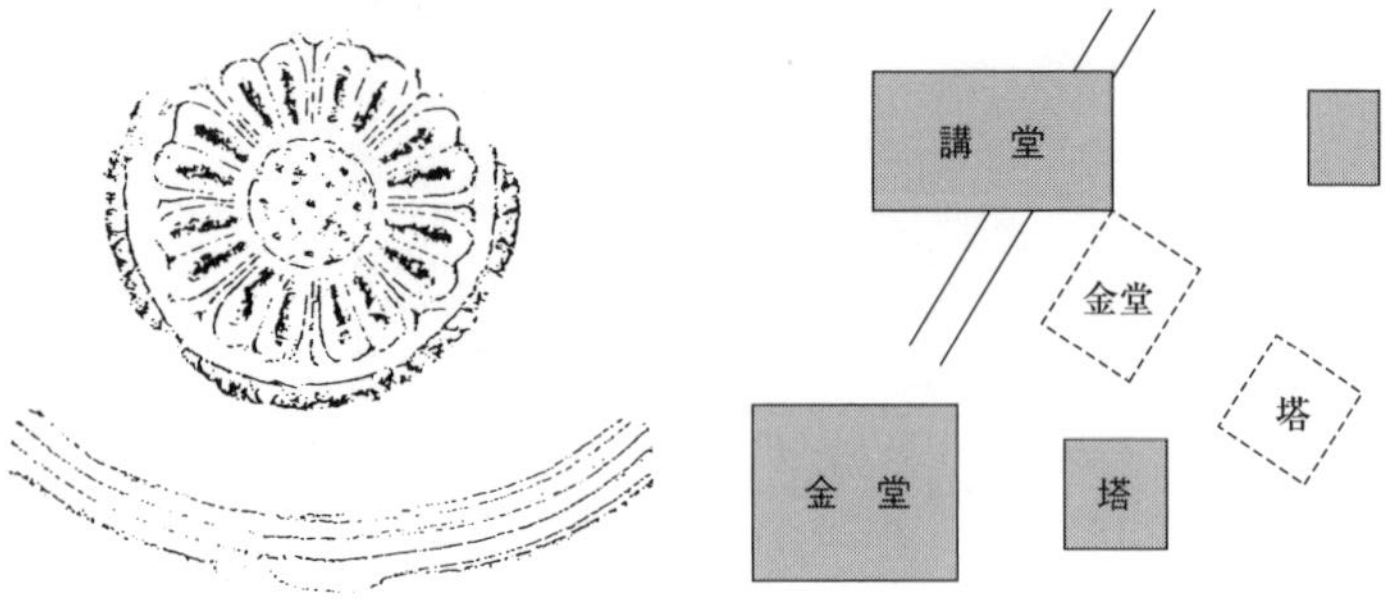

●―穴太廃寺と再建軒瓦

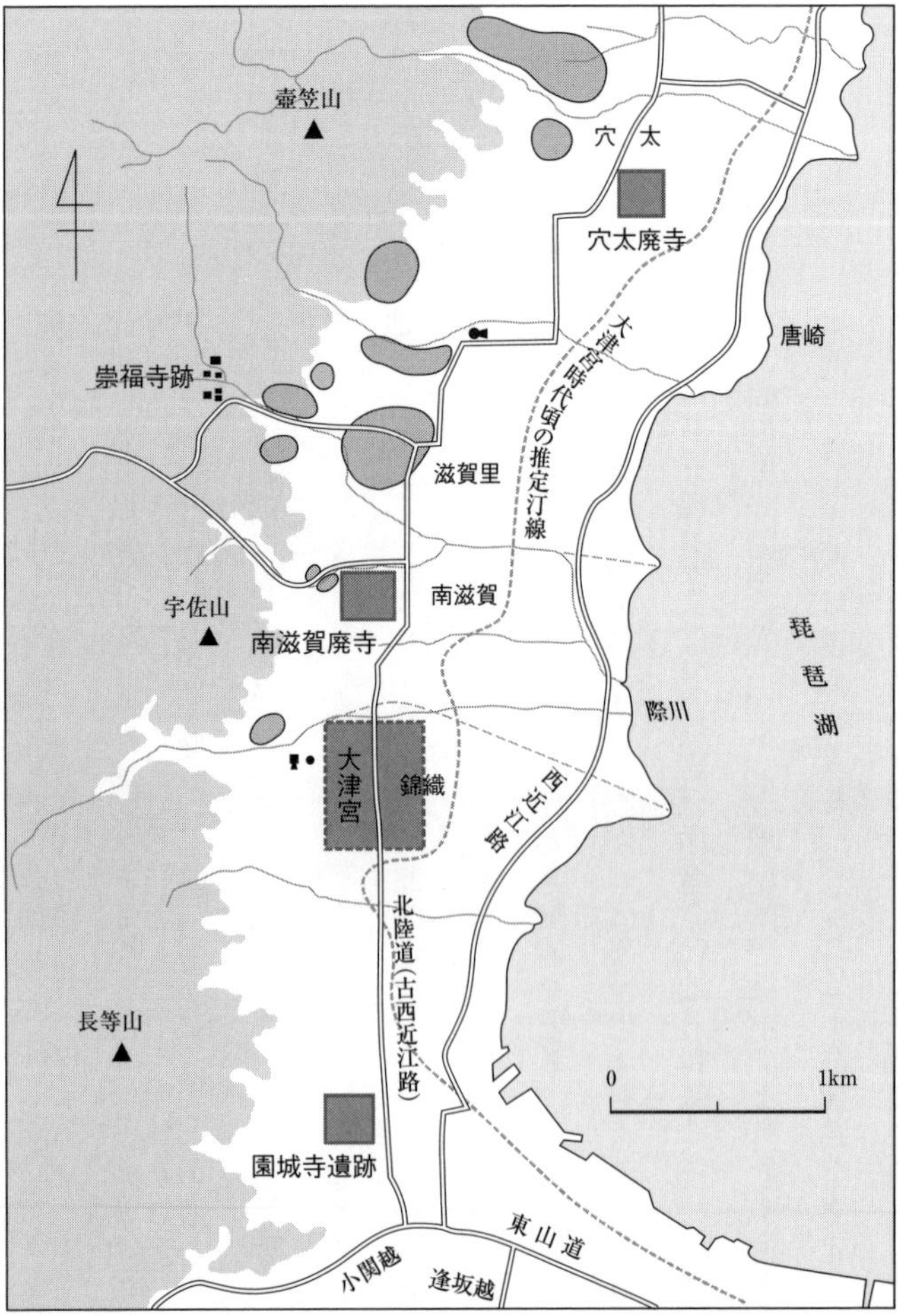

●―大津宮と諸寺

(林博通作成原図より)

縁に面違鋸歯文《めんたがいきょしもん》を配した白鳳美術を象徴する新しい時代の文様を採用している。また、川原寺の裏山では主要堂宇に飾られていた塼仏や塑像《そぞう》▲が発掘されている。

こうした川原寺の伽藍配置は、天智天皇が遷都した大津宮の大寺とみられる南滋賀廃寺にも継承されている。永らく謎であった大津宮の所在地も、一九六〇年代以降の発掘調査によって、現在の大津市錦織《にしこおり》地区に確定した。その宮の真北につくられたのが南滋賀廃寺である。大津宮の造営とともにつくられた天智天皇の大寺である。

一九二八(昭和三)年、大津宮解明の一環として調査された南滋賀廃寺の発掘では、東西両塔の薬師寺式伽藍と推定されたが、西塔は西金堂の可能性が高いといわれている。塔・金堂とも基壇は瓦積基壇である。金堂の北には講堂の礎石、その北に僧房とみられる礎石が残っており、また回廊の礎石の一部も発見されている。その後、寺の西方では寺の所用の榿木原《はんのきはら》瓦窯の調査も行なわれている。出土した川原寺式軒丸瓦は川原寺と同笵関係が認められる。同時に瓦当裏面に布目を有し中凹になる大津宮独特の「一本つくり」の川原寺式軒丸瓦もつ

▼**塑像**　粘土でつくった像。心木に粘土を盛り付けて造形し、表面を彩色する。

●──**南滋賀廃寺と創建軒瓦**

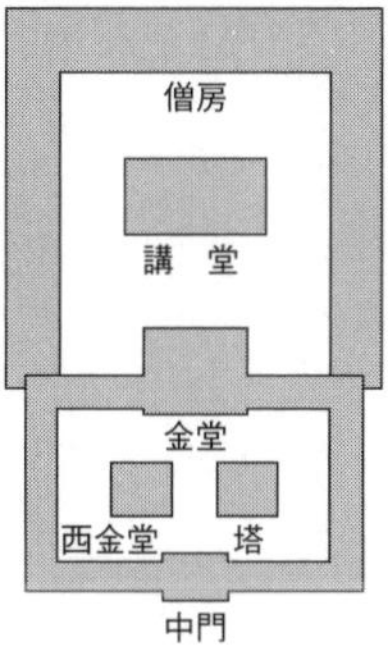

くられた。

　また、川原寺と同笵瓦をもつ寺が崇福寺《すうふくじ》である。一九二八年に発掘調査が行なわれ、塔心礎から舎利容器・荘厳具が出土したことでよく知られ、三つの尾根に金堂・塔・講堂を配置した山寺である。同時に発掘された南滋賀廃寺とこの山寺が、史料に記載された梵釈寺《ぼんしゃくじ》(桓武《かんむ》天皇建立)と崇福寺(天智七年建立)のどちらに比定されるのかをめぐり、また舎利荘厳具の年代観とも相まって大きな論争となった。これを「崇福寺・梵釈寺論争」と呼ぶ。いまでは、両寺とも大津宮造営時の寺院であるとされ、この山寺を崇福寺としている。

　このほか、大津宮の北東に位置する穴太《あのう》廃寺、南方の園城寺《おんじょうじ》もこの時代につくられた寺院であろう。穴太廃寺では飛鳥時代につくられた塔を東に、金堂を西に配した創建伽藍を、わざわざ王都の造営方位に合わせてつくり替えている。

川原寺式軒瓦の広がり——観世音寺と下野薬師寺

　川原寺式軒瓦は山田寺式に続いて、全国的に広く分布する広域型式の瓦当文様である。川原寺式は畿内とその隣接地域を中核とし、西は筑前観世音寺《かんぜおんじ》から、

▼**甲子の宣**　六六四(天智三)年にだされた新たな氏族対策。冠位二六階制、氏上《うじのかみ》の決定、民部《かきべ》・家部《やかべ》の制定からなる。

▼**庚午年籍**　六七〇(天智九)年庚午の年につくられた最初の全国的な戸籍。

●―観世音寺と創建軒瓦

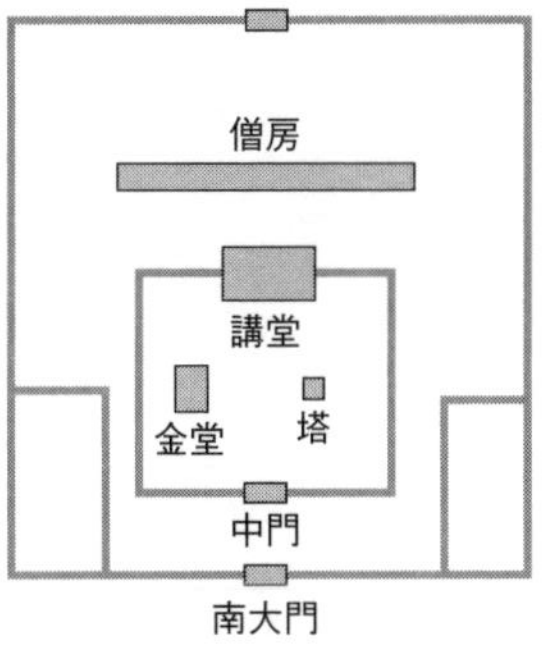

東は下野薬師寺《しもつけやくしじ》に及ぶ。広がる過程で外縁の面違鋸歯文《めんたがいきょしもん》は複線文・線鋸歯文・圏線文など多様な変容を遂げる。

川原寺式が地方へ波及する背景には、その契機を壬申《じんしん》の乱に求め、天武側についた地方豪族に対する論功行賞から寺院建立が始まったとする有力な学説が提起されている(八賀論文)。しかし、川原寺式はみてきたように、天智朝の瓦当文様である。ここでは、白村江の敗戦後の「甲子《かっし》の宣《せん》▲」と呼ばれる対氏族対策や「庚午年籍《こうごねんじゃく》▲」にみられる造籍事業など天智朝の支配秩序の整備を背景として、波及したものと考えたい。まずは川原寺式の分布の両極に位置する観世音寺と下野薬師寺についてみて行きたい。

観世音寺は律令国家の大宰府政庁《だざいふせいちょう》に隣接してつくられる。大宰府と府大寺としての観世音寺は、大陸交渉の窓口、また時として本土防衛の前線本部として、また国内的には西国を統括する政教の中心的機能を有していた。その整備は七世紀末の鴻臚館《こうろかん》式軒瓦が使われていることから七世紀末である。なお、観世音寺の造営は八世紀に入っても続いていることが、『続日本紀《しょくにほんぎ》』の記載から判明する。また、この記載では六六一(斉明七)年百済救援に向かった際に、朝倉橘《あさくらたちばな》広庭宮《ひろにわのみや》で崩じた斉明天皇を弔うため、天智天皇が発願したとする。とするならば、天智天皇は飛鳥の王都と崩御の地において、川原寺と観世音寺を追悼の寺として造営したことになる。

事実、観世音寺僧房の付近の調査で、一点であるが川原寺と同笵の川原寺式が出土している。造営にあたって飛鳥の川原寺の瓦屋から、遠路わざわざ瓦を運搬したものとみられている。また、『書紀』六八六(朱鳥元)年に新羅国使の饗応のため、川原寺の伎楽を筑紫に運んだと記されており、それが観世音寺とするならば、この頃には完成していたのであろう。すなわち観世音寺は、創建時の斉明天皇の追善の寺、大宰府の整備の一環としての府大寺の二時期の変遷が考えられる。現在確認される伽藍が創建時に遡るかは不明であるが、塔を東に金堂を西にした配置は川原寺式伽藍配置に近い。

一方、下野薬師寺は観世音寺と同様、八世紀に受戒のための戒壇院《かいだんいん》▲がつくられた東国の拠点的寺院である。下野薬師寺も、七世紀代の下毛野《しもつけの》氏▲の氏寺として創設される段階と、八世紀代の官寺として整備される二時期の画期がある。創建を記する史料は、天智朝・天武朝・文武《もんむ》朝説が提示されているが、その信

▼**戒壇院**　戒壇とは正式の僧尼となるために授戒する場で、その建物を戒壇院という。七五四(天平勝宝六)年鑑真《がんじん》が東大寺に戒壇を設け、翌年、戒壇院がつくられた。

▼**下毛野氏**　東国を治めたといわれる豊城《とよき》入彦《いりひこ》(崇神《すじん》天皇の子)を始祖とするのちの下野地域(栃木県)を本拠とする氏族。姓は君であったが、六八四(天武十三)年の八色《やくさ》の姓で朝臣《あそん》に改姓。

●—下野薬師寺と創建軒瓦

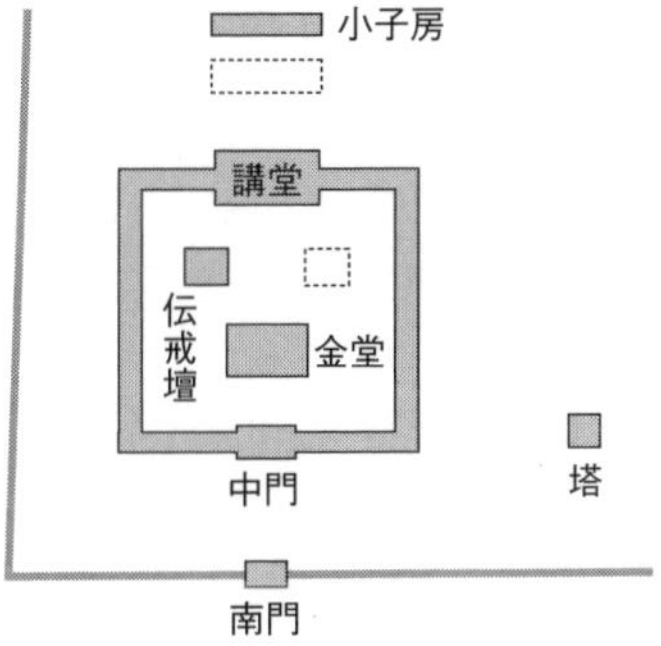

憑性には議論すべき点が多い。下野には飛鳥時代に溯る寺院(浄法寺廃寺・尾の草遺跡)の形跡が認められ、創建の川原寺式を天智朝から下らせる理由はない。『東大寺要録』『一代要記』が伝える六七〇(天智九)年説を採用しておきたい。なお、その造営者は、のちに律令選定に功績があった下毛野古麻呂《しもつけののこまろ》にかかわりがある下毛野氏の一族と考えられている。

一九六六(昭和四十一)年から六カ年にわたり、主要伽藍や寺域の発掘調査が行なわれ、その全貌が明らかになっている。寺域は東西二町・南北三町と推定され、主要伽藍は西寄りにつくられている。講堂に取り付く回廊のなかには、金堂とその背後に戒壇院があったと推定されている。塔は回廊外の東に独立してつくられ、時期は奈良時代以降のものである。これらは八世紀の官寺となった時期の伽藍であり、創建時の伽藍の解明はまだ十分とはいえない。一九九二(平成四)年から始まった寺域の確認調査では、三時期の建替えが確認されている。あわせて僧房の一部が発掘されている。

八世紀に国家的寺院として整備されたことは『正倉院文書《しょうそういんもんじょ》』の「右京計帳《うきょうけいちょう》」天平五(七三三)年、「駿河国正税帳《するがのくにしょうぜいちょう》」天平十年の記載から、天平年間に下野国薬師寺司が置かれていたことが判明している。この時に用いられた軒瓦は興福寺などで出土する平城京式で、遠く播磨溝口廃寺《みぞぐちはいじ》との同笵関係も認められる。七六一(天平宝字五)年には東大寺の戒壇が観世音寺と下野薬師寺に分置される。称徳《しょうとく》天皇崩御後、道鏡《どうきょう》が配流された寺院としても知られている。

再建法隆寺の年代

現存する最古の木造建築寺院として世界文化遺産の指定を受けた法隆寺は、日本仏教史・美術史・建築史・古代史・歴史考古学の諸学の原点あるいは定点を示す生きた教材である。

最近、その西院伽藍の五重塔心柱の伐採年代が「五九四(推古二)年」であるという年輪年代測定▲が出され、話題を呼んでいる。現法隆寺は『書紀』の記述によって、六七〇(天智九)年大火災に遭い、その後再建が始められ和銅年間(七〇八〜七一五)に完成したというのが大方の通説である。それが西院伽藍である。では、この年代は何を意味するのであろうか。その創建年代は必ずしも明確ではないが、『法王帝説』では五九八年、『書紀』では六〇六年、薬師如来像光背銘

▼年輪年代測定　樹木の年輪を利用した年代測定法の一つ。年輪幅を経年に測定して標準パターンをつくり、伐採年代を測定する方法。

●法隆寺境内

では六〇七年の記載がある。五九四年という年代は聖徳太子がつくった創建法隆寺(若草伽藍)の年代に近い。

しかし、若草伽藍は全焼しているから、創建時の塔からの転用とは考えられない。もし、塔が焼けなかったとしても若草伽藍の塔心柱の径が小さく、若草伽藍からの転用説は成り立たない。余分な木材を貯木していたとする説、他寺院からの転用説が提示されている。一方、年輪年代測定値が約一〇〇年ずれているとすると、再建年代とも合ってくる。近年、年輪年代学は弥生時代・古墳時代とも通説より一〇〇年ずつ古い測定値が提示されている。年代測定は問題はないのか、疑ってもみたくなる。いずれにしても現時点では憶測に過ぎない。法隆寺の謎は、さらに深まった。

現法隆寺が創建時のままであるのか、はたまた、再建されたものであるのかという戦前の「法隆寺再建《さいこん》・非再建《ひさいこん》論争▲」は古代史・美術史・考古学をも巻き込んだ大論争に発展した。その発端は『書紀』六七〇年の「夜半之後に法隆寺に災けり。一屋も余ることなし」とする法隆寺焼失の記事である。その論争の経緯については省略するが、一九三九(昭和十四)年の若草伽藍の発掘によって、創

▼**法隆寺再建・非再建論争**　『書紀』六七〇(天智九)年の法隆寺の火災記事を発端として、現法隆寺が再建されたものか、創建時のものか(非再建)に分かれ、明治・大正・昭和にかけて一大論争が展開された。一九三九(昭和十四)年の若草伽藍の発掘によって、再建説が有力になった。

●**若草伽藍**

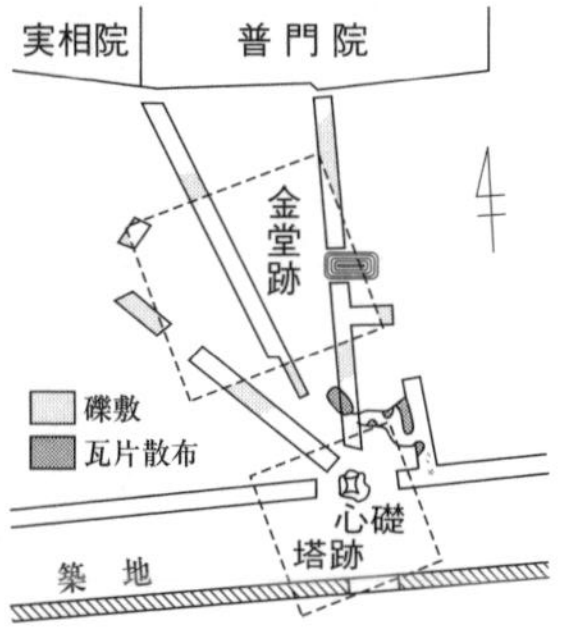

建法隆寺の実態が明らかになり、西院伽藍の再建は動かし難いものとなった。

しかし、若草伽藍から西院伽藍に建て替えられた時期については、今日まで問題が残されている。飛鳥時代の建築様式がはたして七世紀末まで下るのかという建築史の立場。全焼したのならば、なぜ金堂須弥壇《しゅみだん》▲の薬師如来像や釈迦三尊像をはじめとする飛鳥時代の多くの遺宝が現存しているのか。また、瓦の型式論から飛鳥時代につくられた瓦当文様（法隆寺式忍冬唐草文）が、なぜ三〇〜四〇年の時を隔てて再建時に再び用いられるのか。こうした幾つかの点から、なお六七〇年の焼亡後に再建されたとする通説に疑問が投げかけられている。法隆寺論争は今なお燻り続けているのである。

こうした中で、天智九年の焼亡は揺るがし得ない事実とする新見解が提示された（東野論文）。この見解は『上宮聖徳太子伝補闕記《じょうぐうしょうとくたいしでんほけつき》』▲の史料分析を通して提示されたものである。法隆寺焼亡後の記載に続き、法隆寺の家人や奴婢の係争を記し、その係争の裁定を「妙教寺」で行なっている。本来ならば法隆寺で行なうべき裁定を、「妙教寺」で行なう理由は法隆寺が焼失していたからだ。そして家人や奴婢の係争は、庚午年籍《こうごねんじゃく》の作成に絡んだ係争と断定したのである。すな

▼**須弥壇**　仏像を安置するための壇。浄土を表現した須弥山《しゅみせん》に由来する。

▼**上宮聖徳太子伝補闕記**　九世紀にできた聖徳太子の伝記の一つ。調《つき》使や膳《かしわで》臣の家記をもとに編纂したもの。

わち、造籍を行なった庚午年と焼亡の庚午年は一致し、六七〇年は動かし得ないとする見事な論証である。

しかし、問題がないわけではない。焼亡後の記事にある蜂岡寺（広隆寺）・高井寺（高井田廃寺《たかいだはいじ》）・三井寺《みいでら》（法輪寺）の造営はいずれも飛鳥時代であり、六七〇年以降に下らす訳にはいかない。その史料的整合性をどのようにするのであろうか。ここでは自説に従って、西院伽藍は法隆寺にとってもっとも大きな画期であった六四三（皇極二）年の上宮王家《じょうぐうおうけ》滅亡事件▲を契機に再建されたと考えたい。その再建軒瓦を七世紀第Ⅲ期に位置づけておきたい。

▼**上宮王家滅亡事件**　聖徳太子一族を上宮王家という。六四三（皇極二）年皇位継承に絡んで、蘇我入鹿が巨勢徳太《こせのとこだ》らを遣わして斑鳩宮で山背大兄を滅ぼした事件。

法隆寺西院伽藍と法隆寺式軒瓦

西院伽藍は、金堂を東に塔を西に配した法隆寺式伽藍配置である。創建時の伽藍地を東北の丘陵部に移し、なぜ四天王寺式伽藍を変更したのかわからない。伽藍を非対称形に配置する原形は、すでに舒明朝の百済大寺にみられ、天智朝の川原寺・南滋賀廃寺の流れの中で捉えることができる。

七四七（天平十九）年につくられた『法隆寺伽藍縁起并流記資財帳《ほうりゅうじがらんえんぎならびにるきしざいちょう》』▲によれば、

▼**法隆寺伽藍縁起并流記資財帳**　七四七（天平十九）年法隆寺が僧綱に提出した創建の由来や資財・寺領などを記したもの。

●西院伽藍と再建軒瓦

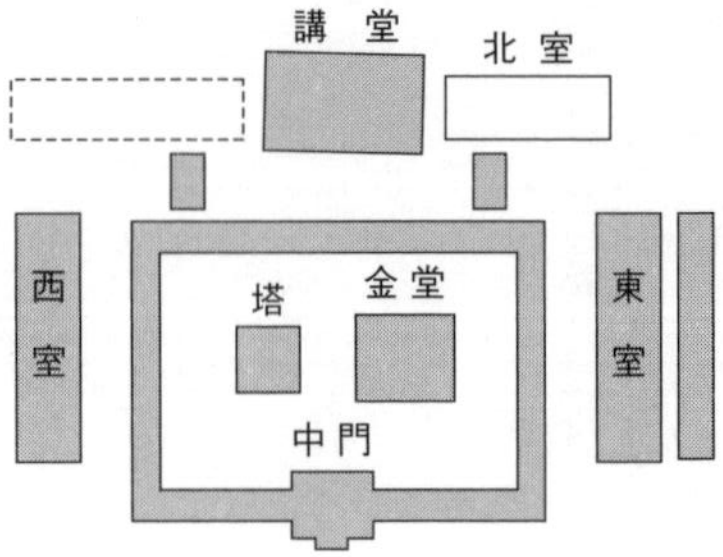

地域は一〇〇丈(三〇〇メートル)四方であり、金堂・塔・回廊・中門・鐘楼・経蔵・僧房・食堂などの主要堂宇の規模が記されている。金堂・塔は壇上積の二重基壇をもち、建物には柱のエンタシス・雲形組物《くもがたくみもの》・人字形割束《にんじけいわりづか》など飛鳥様式の伝統を強く残している。金堂は三間四面の重層の入母屋造《いりもやづく》りである。その須弥壇中央には釈迦三尊像、東の間には薬師如来像が安置され、周囲には四天王像や諸仏が祀られている。

塔も地下式心礎で飛鳥時代の工法を踏襲している。舎利孔には舎利容器や荘厳具が埋納されていた。また解体修理では塔の柱に風蝕の痕跡が認められ、その建設に長期間を要したと推定される。塔初層に祀られる塑像群は七一一(和銅四)年の作といわれている。塔の建設は明らかに金堂の完成後である。その理由として、金堂の礎石が自然石であるのに対し塔は円形造出し礎石を用いていること、雲形組物の様式が金堂より新しい点があげられる。

中門は塔と同じ時期につくられた。中門は通常奇数間が原則であるが、法隆寺の中門は、なぜか中軸線上に柱が位置する間口四間の門である。その両側を守る仁王像は七一一年につくられている。講堂については『法隆寺資財帳』には記載されていない。なぜだろう。現講堂は九九〇(正暦元)年再建されたもので、一九九三(平成五)年の講堂解体修理にともなう地下遺構の調査では、創建時の建物遺構(桁行八間・梁間四間)が発見されている。この講堂は伽藍中軸線に一致せず、方向もやや振れて建てられている。現在の回廊は経蔵《きょうぞう》・鐘楼《しょうろう》と連なり講堂に取り付くが、当初回廊は講堂の前面で閉じていた。回廊は単廊で、その規模は東西九二メートル・南北六二メートルである。また、南大門の位置も現在とは異なり、東大門と西大門を結ぶ東西道路の北側に推定されている。

僧房は四棟あったことが『法隆寺資財帳』に記されている。二棟の僧房は東《ひがし》室《むろ》・西室《にしむろ》と小子房《しょうしぼう》とみられる妻室《つまむろ》がそれに当たり、回廊の東西に配置される。創建時当初の建物は東室だけであり、その南端が聖霊院《しょうりょういん》に改造されているが、ほぼ原位置を保っている。西室は現在の位置とは異なり、東室と対称の位置につくられている。残る二棟は講堂の東西につくられていたと推定される。このように西院伽藍全体が整備されるのは七世紀末から八世紀初頭であろう。

再建された法隆寺に用いられた軒瓦は、線鋸歯文縁複弁八弁蓮華文《せんきょしもんえんふくべんはちべんれんげもん》軒丸瓦と忍冬唐草文《にんどうからくさもん》軒平瓦の組み合わせである。法隆寺式と呼ばれ、奈良時代や平安時

●忍冬唐草文軒平瓦の変遷

西院伽藍

若草伽藍

●―法隆寺式軒瓦の分布

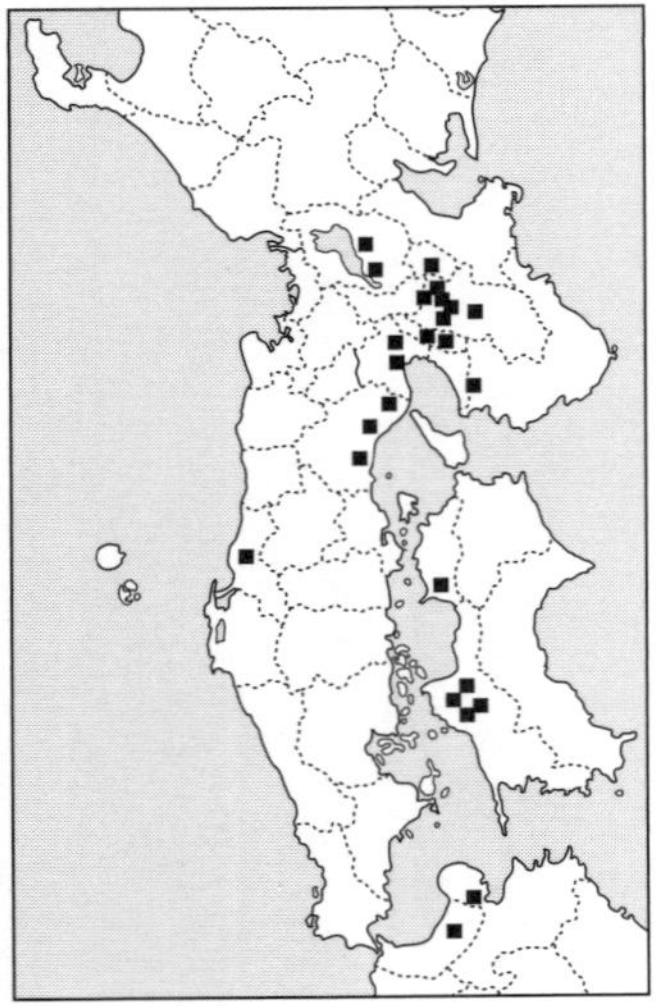

代の修理に際しても寺紋のように永らく使われる瓦当文様である。川原寺式軒瓦同様、白鳳美を感じさせる優雅な文様を呈している。法隆寺式軒平瓦は山背大兄時代の斑鳩寺や斑鳩宮で使用された瓦当文様に直結しており、七世紀第Ⅲ期に位置づける根拠となっている。また、山村《やまむら》廃寺の法隆寺式軒瓦を通して、山田寺式・川原寺式・法隆寺式がほぼ同時代に使われていることがわかる。

法隆寺式軒瓦は法輪寺・法起寺など斑鳩の諸寺をはじめ、西日本を中心に分布している。東国にはみられず、山田寺式や川原寺式の全国的な分布とは異なり、やや特殊な広がりを示している。こうした法隆寺式の分布については、その経済的基盤である法隆寺の庄倉・水田の分布と一致することが指摘されている(鬼頭論文)。そこを拠点として二次的な在地での広がりをみせる。山田寺式や川原寺式の中央から地方への広がりも、同様に中央寺院および檀越《だんおつ》である中央氏族との人的な関係や経済的繋がりが直接の契機になったと考えられる。

山田寺式・川原寺式・法隆寺式軒瓦の分布は、時期や背景は異なっているものの、七世紀第Ⅲ四半期に地方に広がりはじめた。こうした地方の拠点的寺院を中心に、さらに在地に広がってゆく。また、三者の型式が影響しあって在地で変容した型式を生み出す様子をみると、本格的に地方に広がる時期は七世紀第Ⅳ四半期、すなわち天武朝であろう。

天武朝の仏教奨励策――藤原京内の寺院

壬申《じんしん》の乱を勝ち抜いた天武朝は律令国家成立期である。直接支配機構としての国府・郡衙《ぐんが》の整備、直接支配のイデオロギーとしての国家仏教の強化が、急速に推し進められていく時代であった。天武朝の国家仏教政策は六七三(天武二)年の僧官制の改革を手はじめに、国家寺院としての大官大寺の整備(六七七年)、諸寺への食封《じきふ》▲の停止(六八〇年)と次々と打ち出される。そして、六八五年には、国家仏教体制の基盤ともいえる詔が発布される。

その詔は「諸国《くにぐに》に、家毎《いえごと》に、仏舎《ほとけのおおとの》を作《つく》りて、乃《すなわ》ち仏像及び経を置きて、礼《らい》拝供養《はいくよう》せよ」というものである。この「家毎」についての解釈は諸説あるが、在地豪族を官制に取り込んだ「郡家《ぐうけ》」を意図したとする見解が妥当であろう。この時期の郡を単位として地方寺院がつくられる実態とも合致する。以降、詔を契機として地方寺院の造営がより活発化していく。『扶桑略記《ふそうりゃっき》』によれば、六九二

▼**食封**　高級貴族・寺社などに与えられた封戸。令制の俸禄制度であるが、その起源は天武朝にあるといわれている。

（持統六）年に五四五カ寺が数えられ、多くの寺院がつくられていることが判明する。また『書紀』六八九年には、陸奥や越のエミシ▲の出家や沙門《しゃもん》に仏像・仏具が賜与されており、国境の地まで仏教が浸透する様子を窺わせる。

六九四年には諸国に『金光明経《こんこうみょうきょう》』が配置され、正月に読経することが命じられる。こうして鎮護国家としての集権的国家意識を高揚する舞台装置は、ほぼ整えられていく。そして、国家仏教としての総仕上げとして法的整備である「僧尼令《そうにりょう》」▲を完成させる。七〇一（大宝元）年六月、律令政府は大官大寺に僧尼を集め、道首名《みちのおびとな》を遣わしてその条文を説かせたのである。

天武天皇によって計画された新しい中国風都市、藤原京は持統朝に完成した。六九四年遷都して以来、持統・文武・元明《げんめい》三代の一四年間の宮都として栄えた。一二条八坊に区画された都城の中には、紀寺（左京八条二坊）・本薬師寺（右京八条三坊）・大官大寺（左京一〇条四坊）が配置されている。

しかし、紀寺が紀氏の氏寺であるならば、なぜ宮都の中にあるのか。また『続日本紀』にみられる紀寺奴婢の直訴の記事（天平宝字八年）から、その造営は六七〇（天智九）年頃とされ、紀寺式の瓦当文様の時期とも合う。天智朝につく

▼**エミシ（蝦夷）**　古代、北海道および東北地方の住民に対して律令国家が用いた呼称。アイヌの祖先につながる列島人。

▼**僧尼令**　養老令の第七編で、二七条から構成される。僧尼の統制、不法な布教、自由な出家、犯罪、破戒者への刑罰などの仏教統制の規定。

●—紀寺と創建軒瓦

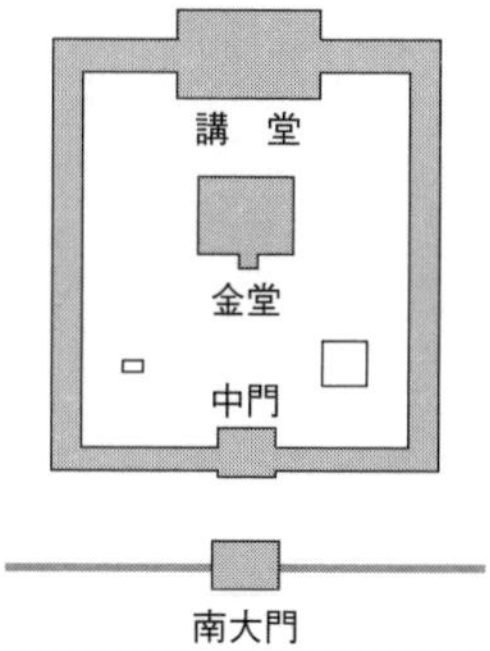

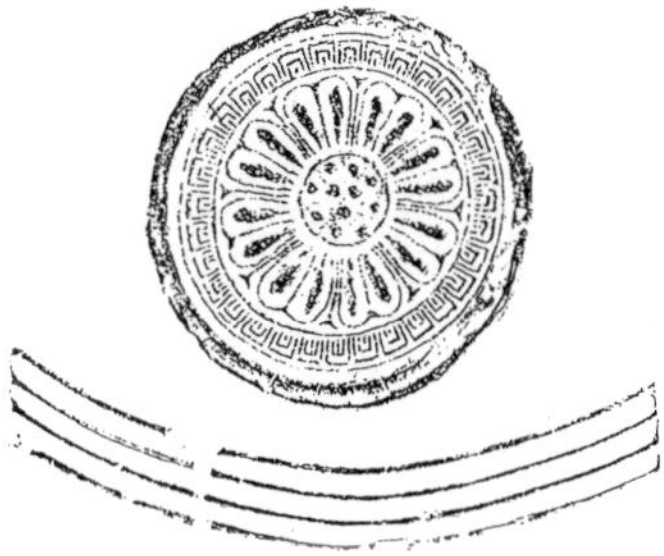

●—本薬師寺と創建軒瓦

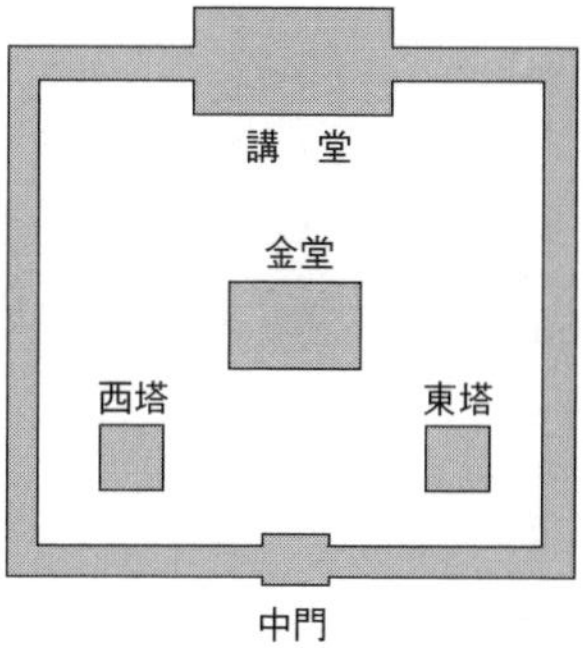

●—藤原京と紀寺の位置

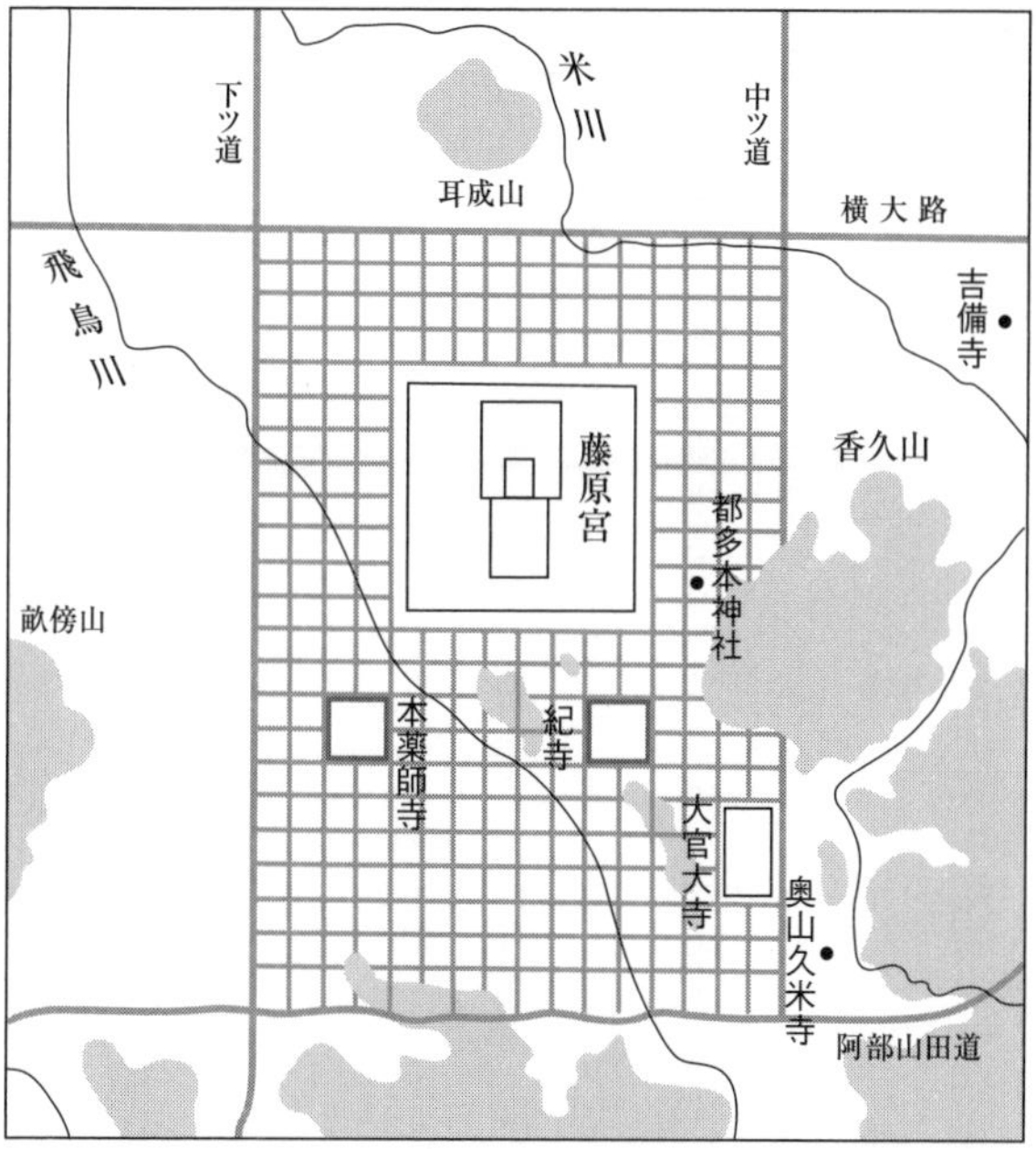

られはじめた紀寺が、条坊に取り込まれている理由もわからない。謎の多い紀寺跡を「小山《こやま》廃寺」と呼び、天武朝の高市大寺にあてる説も提示されている。発掘調査では金堂・講堂・中門・回廊・特殊掘建柱遺構・南大門・寺域大垣が検出されている。伽藍配置は回廊が講堂に取り付き、その中に金堂が、その東南に塔が推定され、西南の対称に特殊掘建柱遺構が位置する。特殊掘建柱遺構は幡を立てる柱跡と考えられている。また、藤原京の造営によって寺域が改作されていることも明らかになった。

左京の紀寺と同様、八条大路に面して右京につくられた本薬師寺は『書紀』や「塔擦管銘《とうさつかんめい》」▲から、六八〇年、皇后の病気平癒《へいゆ》を祈って発願した官寺である。六九八(文武二)年僧が住み始めていることから、この頃に完成したものであろう。講堂に取り付く回廊内に、金堂と東西両塔を配する薬師寺式伽藍配置である。配置や建物規模が平城薬師寺と同じであることから、平城遷都にあたり、本薬師寺の堂宇を移築したか、新築かが古くから問題となっていた。しかし、奈良国立文化財研究所の本薬師寺の発掘調査により、平城遷都後も本薬師寺は存在していることが判明し、移築・新築論争は一応の決着をみた。また、藤原京の

▼**擦管**　塔の相輪を支える軸部。薬師寺東塔の擦管にはその創建の由来を記す。

造営が天武朝に遡り、本薬師寺の造営とも矛盾しないようである。

　大官大寺は、一九七三(昭和四十八)年から始まる奈良国立文化財研究所の継続発掘によって、伽藍や寺域の全貌が明らかになっている。その伽藍は回廊が金堂に一度取り付き、さらに講堂を囲むように廻らされている。金堂前面、東よりに大きな塔の基壇(一辺三七メートル)がつくられている。九重塔にふさわしい規模である。塔の対称の西側の位置には建物は検出されていないが、造営途中であったとすれば、本薬師寺や大安寺同様、東西両塔が計画されていたのかもしれない。

　条坊内にある大官大寺の創建は、下層の土器の年代観から文武朝を遡らないといわれる。しかし、六七七年高市大寺を改めた大官大寺の可能性はないのであろうか。建設途中とはいえまさに大寺であり、その造営期間を文武朝の約一〇年に限定してもよいのであろうか。藤原京あるいは天武朝の「新城」の造営開始時期とも絡む重要な問題であり、今後の成果を待ちたい。

●大官大寺と創建軒瓦

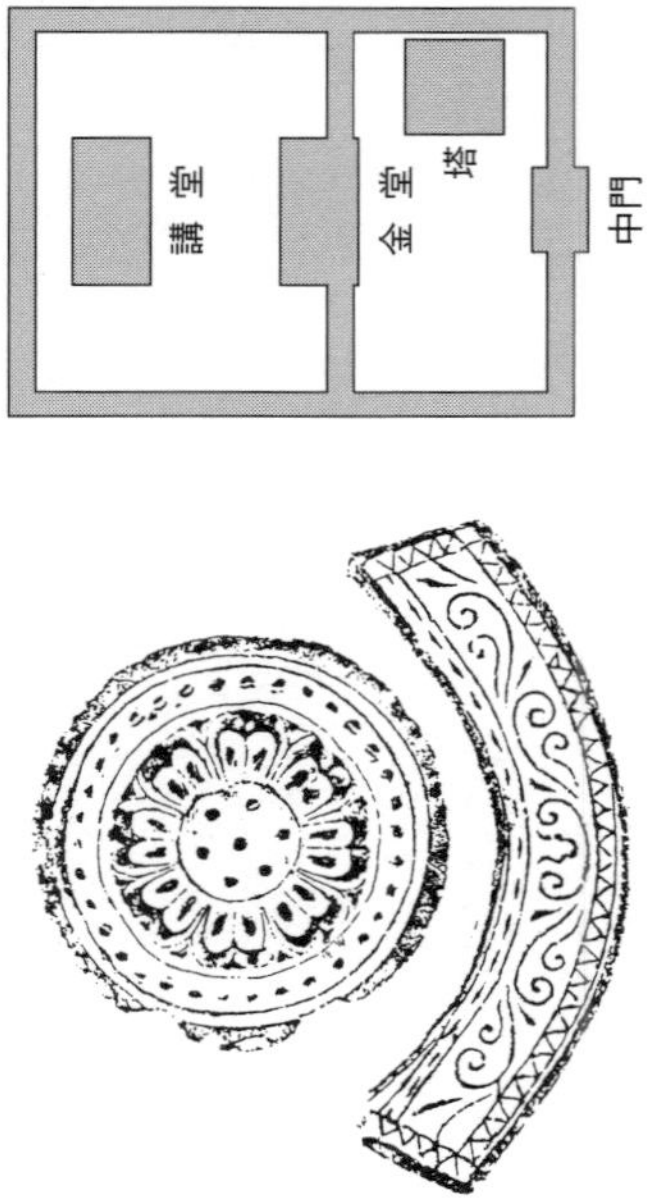

⑤—鎮護国家の寺々——国分寺の造営

平城京の七大寺

元明《げんめい》天皇は藤原宮で即位した翌年の七〇八(和銅元)年、伝統的に王都が形成されてきた奈良盆地南部地域から、その北部の平城の地に新都建設を決意する。その三年後、昼夜を徹して行なわれた宮殿の建設や京の街並みもほぼ完成した。七一〇年、平城京へ遷都する。平城京は面積にして藤原京の約四倍の大都市である。南北九条(約四・八キロ)、東西八坊(約四・三キロ)の街区と左京の東側に五条を南限とした三坊分の張り出し部である外京《げきょう》▲から構成されている。

寺院は都市を構成する重要な施設であり、鎮護国家《ちんごこっか》の象徴として当初より遷都のプランに組み込まれていた。『続日本紀』七二〇(養老四)年には、遷都を主導した右大臣藤原不比等《ふじわらのふひと》が亡くなる前日、病気平癒の祈願が「都下四十八寺」で行なわれたとある。これらの寺院がすべて平城京内にあったか不明であるが、遷都から一〇年、京内の寺院建設も相当な数にのぼっていたと考えられる。そして、興福寺、東大寺、西大寺の造営と、平城京の終焉を迎えるまで、造寺の

▼外京　平城京左京の東側に張り出した条坊の部分。当時の呼び名ではなく近代の造語。

槌音は京内から絶えることはなかった。まさに平城京は仏教都市であり、国家仏教、のちの南都六宗《なんとろくしゅう》▲といわれる奈良仏教が形成されていったのである。

平城京遷都とともに官の四大寺のうち、大官大寺・本薬師寺・飛鳥寺の三寺が移される。これが平城京の大安寺(左京六条三坊・七条四坊)・薬師寺(右京六条二坊)・元興寺《がんごうじ》(外京四条七坊・五条七坊)である。大安寺の移転はその『大安寺縁起』に記されていないが、七一六(霊亀二)年に移されたとする説が有力である。南大門の南に東西両塔の塔院をもつ、新しい伽藍配置に生まれ変わった。造営には、金光明最勝王経《こんこうみょうさいしょうおうきょう》を請来したといわれる僧道慈《どうじ》も深く関わっている。薬師寺はその『薬師寺縁起』に七一八年、その翌年の『続日本紀』には「造薬師寺《ぞうやくしじ》司《つかさ》に史生《ししょう》二人を置く」とあり、このころ移転が始まったとみられる。『扶桑略記』には東塔造営を七三〇(天平二)年と記しており、天平年間には完成したのであろう。

元興寺は『続日本紀』によれば、七一八年に移転している。東塔跡では戦前に鎮壇具とともに「神功開宝《じんぐうかいほう》」▲が発掘されており、その建立は七六五(天平神護元)年以降とみられている。今日、極楽坊《ごくらくぼう》(僧房)を残すのみで当時の伽藍を偲ぶこと

▼**南都六宗**　平城京(南都)で栄えた仏教の宗派。三論宗《さんろんしゅう》・成実宗《じょうじつしゅう》・法相宗《ほっそうしゅう》・倶舎宗《くしゃしゅう》・華厳宗《けごんしゅう》・律宗《りっしゅう》の六宗。

▼**神功開宝**　律令国家が発行した皇朝十二銭《こうちょうじゅうにせん》の一つで、七六五(天平神護元)年九月鋳造の銅銭。

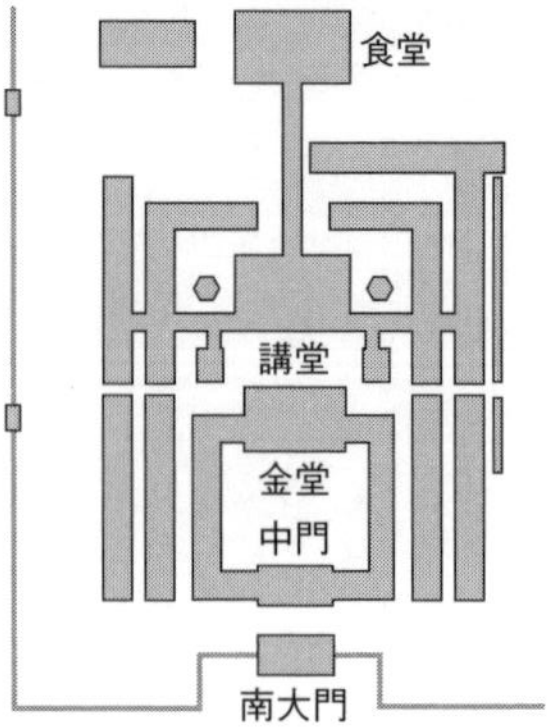

●―大安寺

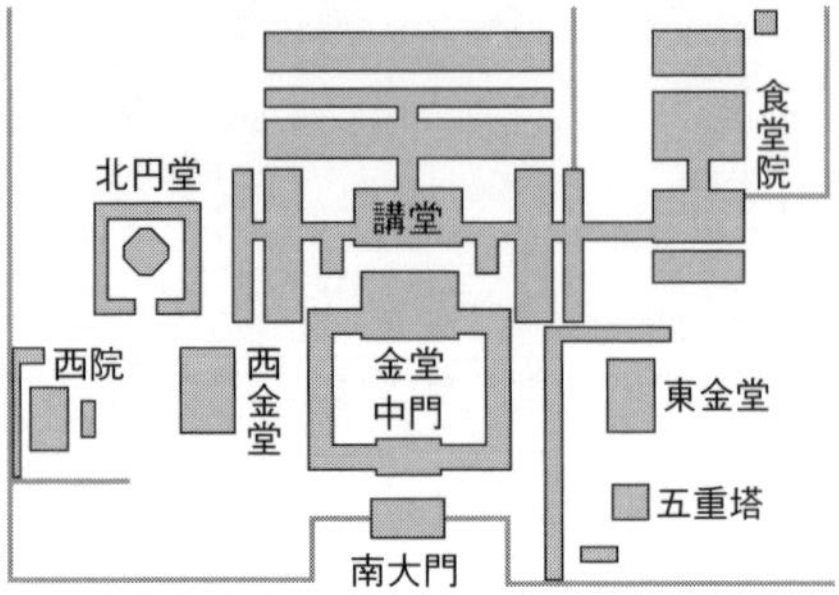

●―興福寺

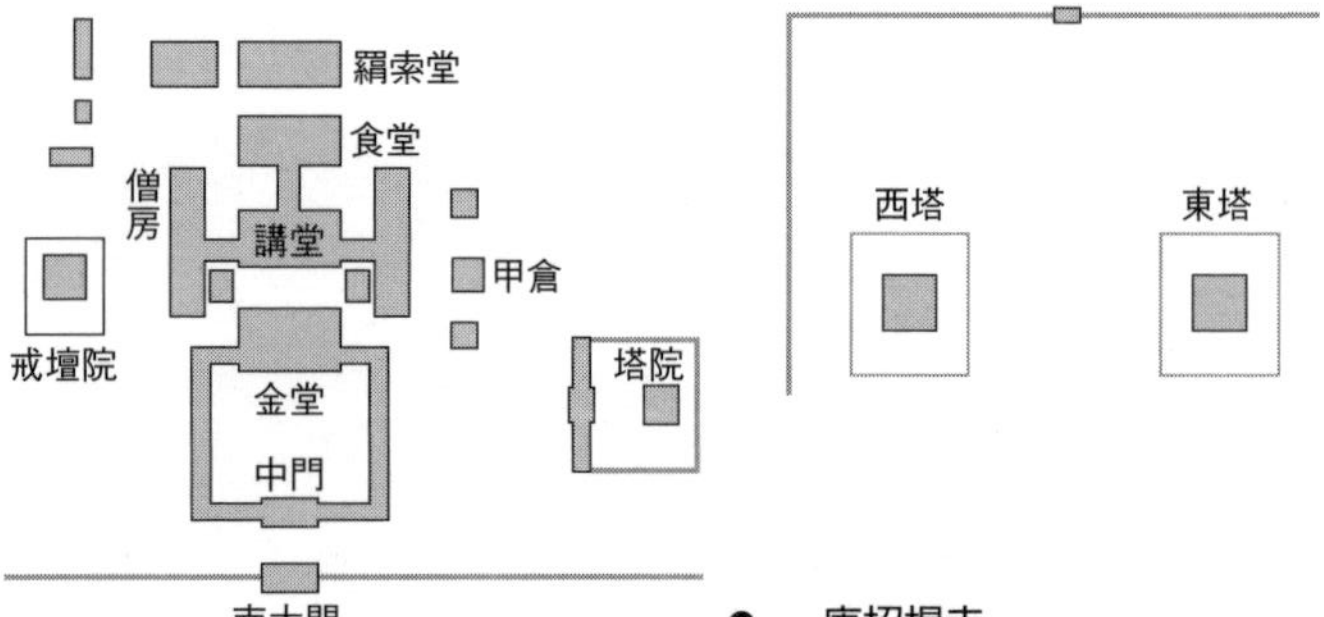

●―唐招提寺

●―平城京の諸寺

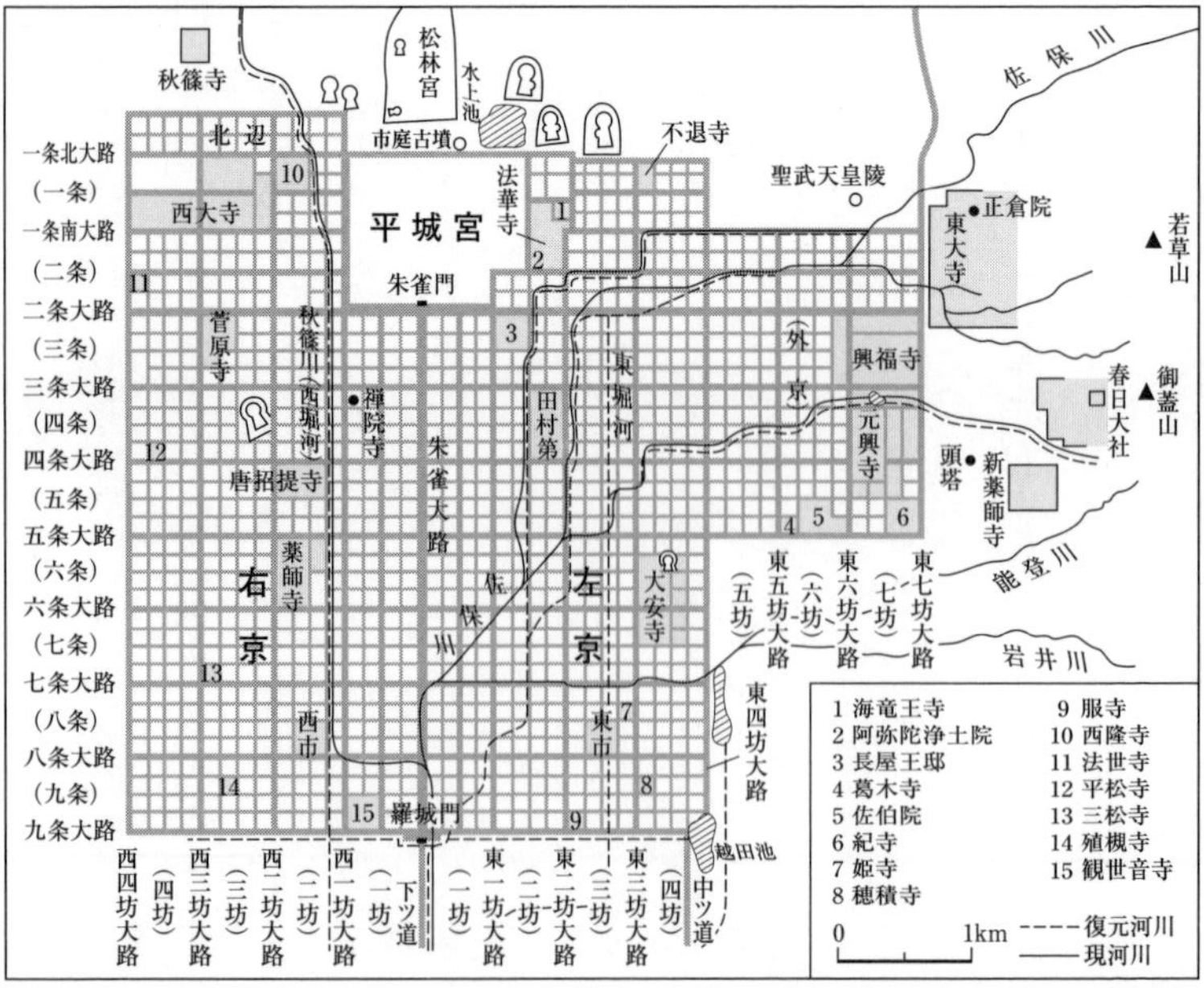

はできないが、戦後の解体修理や発掘、十一世紀の「堂舎損色献禄帳《どうしゃそんしょくけんろくちょう》」の記載から、その伽藍が復元されている。また、飛鳥寺の東南隅にあった道昭《どうしょう》の禅院は遷都の翌年いち早く移され、禅院寺《ぜんいんじ》(右京四条一坊)として伽藍を構える。これら平城京を担う中枢寺院は条坊が整備される七一〇年代後半に移転し、本薬師寺式伽藍を祖形とした東西両塔の塔院と金堂院の八世紀の新しい伽藍配置をとっている。

こうした大寺とともに、京内に新しくつくられたのが興福寺《こうふくじ》(外京三条七坊)である。興福寺はもともと藤原鎌足のために、六六九(天智八)年山科につくられた山階寺から発展した藤原氏の氏寺であり、時の権力者藤原不比等によって造営される。不比等没年の七二〇年には「造興福寺仏殿司《ぞうこうふくじぶつでんし》」が置かれ、官の手で造営が継続されることになる。基本的には中門・金堂・講堂を中軸線に配した伽藍であるが、七二一年には不比等一周忌のための北円堂、七二六(神亀三)年には元正《げんしょう》太上天皇のための東金堂、七三〇年には光明皇后建立の五重塔、七三四年には光明《こうみょう》皇后の母 橘三千代《たちばなのみちよ》のための西金堂が次々と建立され、壮大な伽藍が整えられていく。その後、平安時代に入っても南円堂などの造営は続

●元興寺

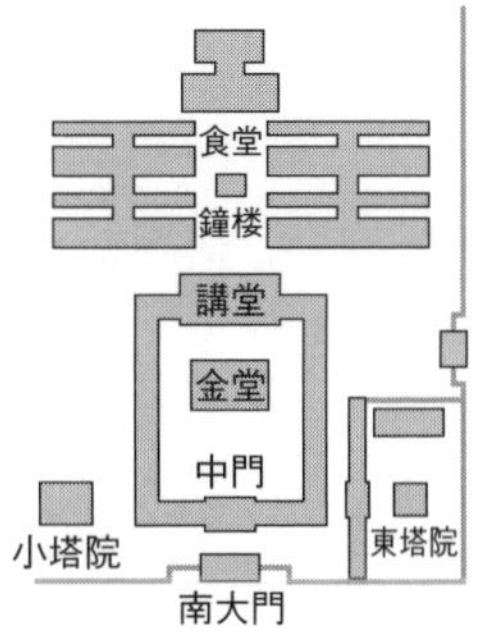

●薬師寺

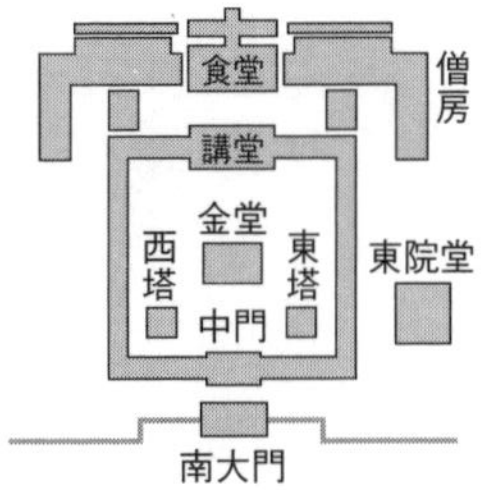

西大寺

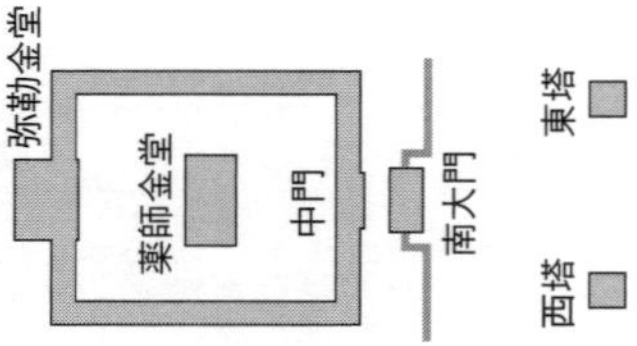

西隆寺

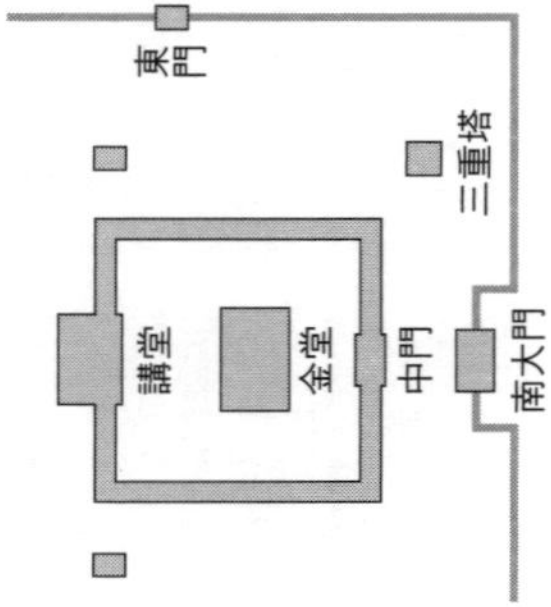

き、南都諸寺を代表する一大勢力として発展する。一一八〇(治承四)年の平《たいらの》重衡《しげひら》による焼き討ちをはじめ幾多の火災にも、そのつど再興を図ってきたのである。

その後、造営が始まる東大寺《とうだいじ》や西大寺《さいだいじ》の官寺や斑鳩の地で再興された法隆寺を含めて、南都七大寺《なんとしちだいじ》と呼ばれる。鑑真《がんじん》の唐招提寺《とうしょうだいじ》も七大寺に準ずる寺であった。七六七(神護景雲元)年造寺司がおかれた西隆寺《さいりゅうじ》のほか、京内には遷都以前から平城の地にあった海龍王寺《かいりゅうおうじ》・殖槻寺《うえつきでら》・観世音寺《かんぜおんじ》、東市跡の発掘で明らかになった姫寺廃寺なども条坊計画に沿って再建された。また、遷都とともに移転した紀寺や葛木寺《かつらぎでら》の氏寺や、平城京の地で貴族や官人によって新造された寺院も数多くあった。石上宅嗣《いそのかみのやかつぐ》の阿閦寺《あしゅくじ》、造東大寺司長官として知られる佐伯今毛人《さえきのいまえみし》の佐伯氏の香積寺《こうしゃくじ》、行基《ぎょうき》がつくった菅原寺《すがわらでら》などである。史料でみられるがその所在地のわからない下毛野寺《しもつけでら》、寺院跡として残るが寺名の判明しない平松《ひらまつ》廃寺など、平城京内には多くの寺院がつくられていたと推定される。

寺院併合令

天武十四(六八五)年の詔にみられる国家による仏教の奨励策は、地方に多くの寺院を生み出すことになった。その造営者の多くは、『日本霊異記《にほんりょういき》』にみられる白村江の戦いに参戦した備後三谷郡や伊予越智郡の大領の先祖による造寺説話、『出雲《いずも》国風土記《ふどき》』の教昊寺《きょうこうじ》(島根県安来市)や数多くの新造院の建立者をみても、郡司層や新興豪族層であった。こうした郡司層の造寺活動は、前述したように律令国家機構に組み込まれた地位や在地の支配権を確保するにとどまらず、みずからの所領や財産を寺に移して保全を図るという経済的基盤の確保も見逃すことはできない。また仏教が律令政府・支配層の政治的イデオロギーとしての支配原理そのものであり、民衆の信仰としての宗教的イデオロギーになっていないことを意味している。

こうした奨励策による造寺活動の利害や弊害は、八世紀初頭に顕在化する。律令政府は僧尼令の制定にともない、戒律の厳守と「官僧《かんそう》」としての身分や得度・受戒のシステムを整備するとともに、地方寺院の統制に着手する。七一三(和銅六)年まず政府は諸寺の田記の誤りを訂正させ、分不相応に所有している田野を没収するなど、諸寺の寺田対策にのりだす。そして、七一六(霊亀二)年「寺院併合令《じいんへいごうれい》」を発するのである。こうした背景には、八世紀初頭までにかなりの数の地方寺院が乱立されていたことを前提にしなければならない。

この併合令は藤原武智麻呂《ふじわらのむちまろ》の奏上を契機として出されたものである。近江国守であった武智麻呂が国内を巡検したところ、名前だけで寺として完成していない寺院や、寺院の造営者が寺田の獲得の利に走る荒廃した有様に愕然とする。これは近江国だけではなく諸国に及んでいることを奏上したのである。その併合令は、草堂のような名のみの寺、未完の寺を併合すること、無住となった荒廃した寺院を修造すること、寺院の寺田をはじめとする財産を検校し、不当な経済活動を規制することなどが、その主旨である。

この寺院併合令は統制令であるとともに、七世紀末の奨励策を踏まえた鎮護国家を支える寺院完成への督促令でもあった。あわせて、律令政府が地方寺院造営者の経済的基盤に介入し始めたことを意味している。さらに、七二一(養老五)年、按察使や大宰府に命じ併合令の徹底化を図る。『出雲国風土記』における教昊寺をはじめとする各郡内一〇カ所の新造院の実態は、こうした併合令

下野薬師寺使用軒瓦の同笵関係

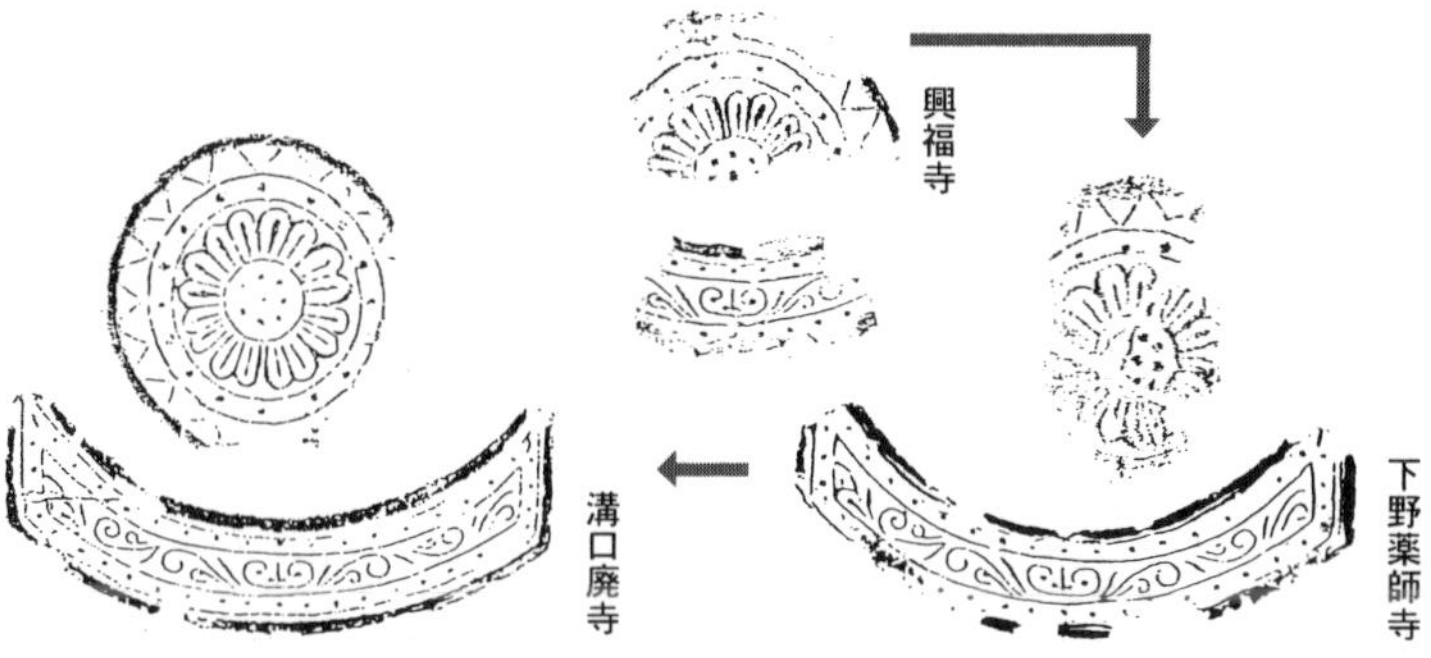

を踏まえて記されたものであろう。

こうした寺院併合令の実態を考古学的に遺跡から証明することは難しい。常陸の新治《にいはり》廃寺を中心とした隣接郡域への新治廃寺式軒瓦の広がりは、こうした動向を反映しているものとも考えられる。氏寺であった下野薬師寺に造寺司が置かれ、政府が介入・援助した時期は七三〇年代であり、寺院併合令の期間とも一致している。下野薬師寺に用いられた軒瓦は、平城京の興福寺と同笵であり、その興福寺の檀越《だんおつ》は藤原武智麻呂である。また、この同笵軒瓦は播磨溝口《みぞぐち》廃寺でも用いられている。七二八(神亀五)年、武智麻呂は播磨国司であった。こうした同笵関係は、寺院併合令・藤原武智麻呂・興福寺という三つのキーワードから成り立っている。氏寺であった下野薬師寺や溝口廃寺がこの時期に整備された背景は、寺院併合令にみられる律令政府の地方寺院への整備・統合策の一環として実施された可能性が強い。

発布から約二〇年間続いた寺院併合令による地方寺院の統制的政策は、一定の成果をあげ、七三五年に終結する。次の国分寺構想の基盤を形成する第一歩であったともいえよう。

大仏造立と東大寺の造営

「咲く花の匂うがごとくいま盛りなり」と詠まれた天平の時代も、決して穏やかなものではなかった。いや、激動の時代であった。七三二(天平四)年頃から、ひでり・大飢饉・大地震などの天変地異が相次いで起こる。次いで七三五年に九州で発生した天然痘は、翌・翌々年の凶作と相まって猛威を奮い、ついに平城京に急速に広がっていった。

「近き代より以来、これ有らず」といわしめるほどの大勢の死者を出し、政治の中枢を担ってきた藤原氏四兄弟、武智麻呂《むちまろ》・房前《ふささき》・宇合《うまかい》・麻呂《まろ》も天然痘にかかって亡くなる。かわって橘諸兄《たちばなのもろえ》が政権を担う。政情不安が続くなか、七四〇年、大宰府に左遷されていた藤原広嗣《ひろつぐ》(宇合の子)が反乱▲を起こした。また対外的にも新羅との関係が急速に悪化し、内外ともに不安定な状況を呈していた。こうした最中、聖武《しょうむ》天皇は平城京を後にして、伊勢方面に旅立ってしまう。しかし広嗣の乱鎮圧後も平城京には戻らず、山背《やましろ》の恭仁《くに》に遷都する。翌七四一年、まず護国教化のための国分寺建立の詔が出される。さらに聖武天皇は恭仁宮が造営途中にもかかわらず、近江紫香楽宮《しがらきのみや》の造営を命じる。

▼藤原広嗣の乱　藤原氏の衰退を憂慮した広嗣が、玄昉《げんぼう》や吉備真備《きびのまきび》を天皇の側近から排除する名目で大宰府で挙兵したが、大野東人《おおののあずまひと》の政府軍により鎮圧される。

七四三年、この紫香楽宮で大仏造立を決意する。その詔は、天皇や国家の財力だけでなく、民衆にも大仏造立への参集を呼びかける内容となっている。こうした造立の契機は七四〇年に難波宮行幸の際、立ち寄った河内知識寺の盧舎《るしゃ》那《な》仏《ぶつ》に感動したからだといわれている。大仏造立にも、こうした人々の「知《ち》識《しき》」すなわち田畑・財産・労働力を出し合って、造寺・造仏などの事業をなしとげる方式を取り入れたのである。ただちに、紫香楽の地に甲賀寺《こうがでら》をひらき、大仏造立に取り掛かる。しかし、紫香楽の新京計画は、七四四年はやくも挫折する。その理由はよくわからないが、聖武天皇のめまぐるしい遷都に諸臣や民衆の不満が募ったのであろうか。

四年ぶりに還都した平城京で、大仏造立事業は再開される。その場所は外京の東山、大倭国の国分寺(金光明寺)となった金鐘寺《こんしゅじ》である。ここで国分寺建立と大仏造立の事業が一体化し、総国分寺としての東大寺に発展することになる。あわせて、金光明寺の造仏所は造東大寺司《ぞうとうだいじし》として太政官《だいじょうかん》直属の造営組織として整備される。以降七八九(延暦八)年に廃止されるまで、約五〇年にわたって東大寺のみならず、律令国家最大の造営組織として存続するのである。

●造東大寺司の組織

- 管理部門
  - 政府
  - 大炊厨所
- 写経部門
  - 写経所
- 造営部門
  - 造仏所
  - 木工所
  - 絵所
  - 鋳所
  - 造瓦所
  - (出先機関)
    - 甲賀山作所
    - 伊賀山作所
    - 田上山作所
    - 高嶋山作所
    - 泉津木屋所
    - 大坂石山所
  - (臨時設置機関)
    - 造石山院所
    - 造香山薬師寺所
    - 造上山寺菩薩所
    - 造金堂所

造立にあたっては、初代別当良弁《ろうべん》が総責任者となった。のちに造東大寺司長官になる佐伯今毛人を中心に、鋳造技術に長けた国中公麻呂《くになかのきみまろ》が現場責任者となって進められる。また側面から造立を強力に支援したのが行基であった。造立の詔の四日後から弟子を率いて知識勧進を行ない、労働力や資金を調達する。寺院併合令が出された時期には、政府から弾圧されながらも仏法を民衆に説き、寺や橋や池などの造営工事を行なってきた行基も、七四五年には、大僧正に任命される。

七四五年、大仏造立のための基壇の地鎮祭《じちんさい》が聖武天皇立合いのもとで行なわれた。その折の鎮壇具の一部が明治年間に発見されている。七五六(天平勝宝八)年聖武太上天皇の崩御する年まで、大仏造立は約一一年間にわたって続く。その造立過程は、基壇形成、木材の骨組、塑像の原形(雄型)をつくり、台座となる下段から八回に分け外型を作成(雌型)し、その空間に銅を流し込んでいく。仏頭が鋳込まれる頃には、外側の盛土は山になっていた。盛土を取り除き大仏の原形ができあがると、頭部の螺髪《らほつ》や台座の蓮弁がつくられる。蓮華座には蓮《れん》華蔵《げぞう》世界《せかい》が線刻で描かれる。いま残る創建時の大仏はこの部分である。最後に

●—東大寺金堂(大仏殿)

●—盧舎那仏(東大寺)

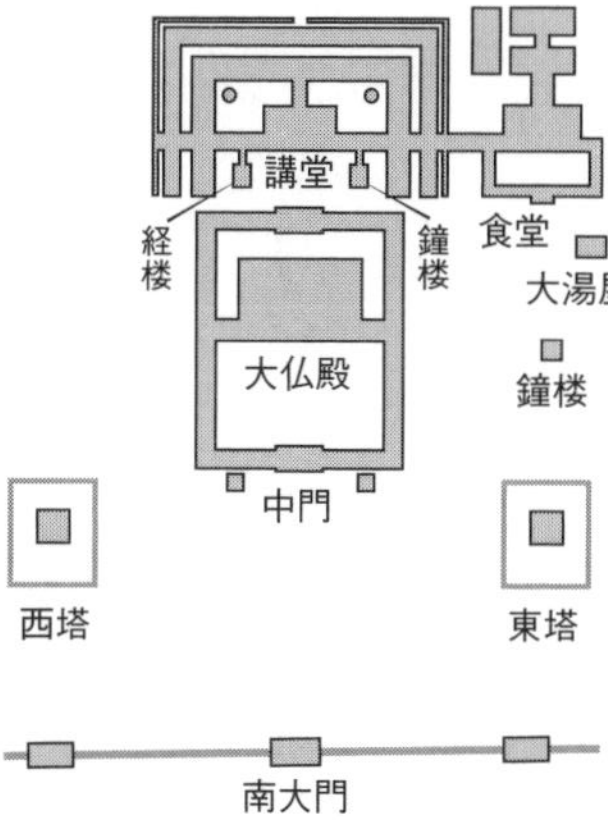

●—東大寺

水銀に金を溶かしたアマルガムを塗り、炭火で水銀を蒸発させて金を表面に定着させる鍍金を施し、盧舎那仏の完成である。

『東大寺要録』の「大仏殿碑文《だいぶつでんひぶん》」によれば、鋳造に使われた原料は、銅七三万九五六〇斤(約四八七トン)、錫一万二六一八斤(八・三トン)、金一万四四六両(〇・四四トン)、水銀五万八六二〇両(二・四トン)であった。想像もつかない莫大な原材料である。大仏鋳造に使われた銅は長門国の長登《ながのぼり》銅山▲から採掘されたものである。鍍金に使う金も七四九年、陸奥国遠田郡から産出した。これで鍍金が間に合ったわけではないが、この時の産金祈願が石山寺《いしやまでら》造営の創建譚になっている。また、大仏と大仏殿の建立に携わった技術者や労働力は、延べ二六〇万人を越えたといわれている。これは、当時の総人口の半数近くにあたり、大仏建立がいかに大事業であったかがわかる。

造立の詔から九年の歳月を経て完成した大仏をまえに、七五二年聖武太上天皇・光明皇太后・孝謙《こうけん》天皇はじめ多くの参列者のなか、盛大な開眼供養会が執り行なわれる。聖武太上天皇が「三宝《さんぼう》の奴《やっこ》」として盧舎那仏の前にひれ伏す姿は、鎮護国家の安寧を願う国家仏教の行方を象徴する出来事であった。

▼**長登銅山**　山口県美祢市美東町にあり、昭和期まで続いた銅山。秋芳台のカルスト台地の東麓に位置し、名も「ならのぼり」、奈良の都に原料銅を供給していたことに由来するといわれる。銅山跡の発掘では、七一一(和銅四)年から七三三(天平五)年の木簡が出土。

鎮護国家——国分寺造営

七四一（天平十三）年聖武天皇によって発布された国分寺建立の詔は、総国分寺や総国分尼寺としての東大寺や法華寺《ほっけじ》をはじめ、諸国に国分寺・国分尼寺の造営を命じたものである。こうした地方国立寺院の構想は、律令政府の国家仏教政策の転換を意味していた。

八世紀前半の寺院併合令にみられる国家仏教政策は、在地の旧来の勢力への介入すなわち地方寺院を整備・統合することによって、鎮護国家体制を遂行しようとするものであった。いわば仏教統制策である。こうした方針は国家仏教を浸透させる上では一定の成果を得ることができたが、在地勢力の温存、行基にみられる民間信仰の活動など、その意図とは相反する結果が生じたのである。こうした矛盾を解決すべく、鎮護国家の精神的主柱である国家仏教を貫徹するため、みずからの構想を打ち出したのが国分寺建立の詔である。

こうした全国官寺制ともいうべき国分寺造営構想が、いつ計画されたのか議論のあるところである。七三七年国ごとに釈迦像と脇侍《わきじ》菩薩《ぼさつ》像をつくることを

国分寺伽藍配置

美濃国分寺（在地型）

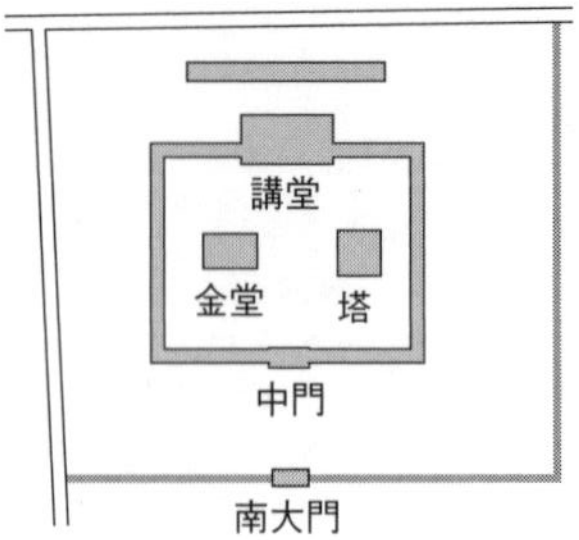

備前国分寺（東大寺型）

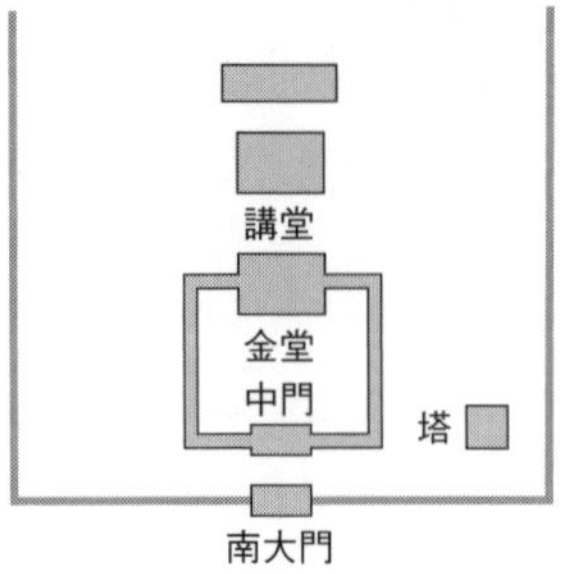

命じた詔、七四〇年の七重塔建立の詔をへて、国分二寺制が構想されたのであろう。さきにも述べたように、国内的には全国的な疫病・飢餓の発生、対外的には新羅との緊張関係に対する鎮護国家の願いが直接の契機となったのである。

七四一年の詔ののち、諸国の国分寺造営はどのように進められたのであろうか。しばらく『続日本紀』に記された造営過程を追うことにしよう。七四四年には諸国の正税から四万束をさいて国分寺料稲とし、毎年その出挙《すいこ》の利息を造営料に当てるよう命じた。しかしその進捗状況ははかばかしいものではなかった。そのため、七四七年には国衙主導と正税による国営方式を改め、郡司層に優遇措置を与え協力を求めた。私財の寄進や労働力の提供による知識方式により、郡司の地位を保証したのである。あわせて寺域や造営状況の実態調査を行ない、三年以内に伽藍を完成するように厳しく督促したのである。

しかし、こうした督促令にもかかわらず、国分寺は完成しなかった。再び七五六（天平勝宝八）年、丈六仏の造像と伽藍の完成を翌年の聖武太上天皇の一周忌に間に合わせるよう厳命した。天平十三年の詔から一五年、政府・各国の総力を注いだ国分寺造営も、ようやくその伽藍が整いはじめたのである。その後、佐渡国分寺造営にかかわる記事(七六八年)がみられる。これをもって造営督促の記事は消える。かわって、七六六(天平神護二)年から七七一(宝亀二)年にかけて献物叙位《けんもつじょい》▲の記載が集中する。おそらく国分寺造営の詔以来、その造営は八世紀第Ⅲ四半期全般にわたる二〇年から三〇年の歳月を要したと考えられる。

国分寺の研究や発掘調査は、八世紀の仏教政策や古代寺院の実態を知る大きな手がかりとして、戦前から取り組まれた歴史考古学の重要なテーマの一つである。戦後から今日まで、六二カ国につくられた僧寺・尼寺あわせて一二四寺の国分寺のうち、今日までに七〇カ寺を越える発掘調査が行なわれ、その実態が明らかになりつつある。

各国でつくられた国分寺の伽藍配置や寺域の大きさも、国柄や造営事情が反映され千差万別である。しかし、伽藍をみてみると、七世紀後半の法起寺式や法隆寺式と、東西両塔を備えるものはないが東大寺式をモデルにした、国分寺式ともいうべき塔の独立した伽藍配置のものに大別できる。関東の国分寺をみても、下総《しもうさ》国分寺・相模《さがみ》国分寺は法隆寺式であり、塔が伽藍内にある上総《かずさ》国分寺、塔の独立した上野《こうずけ》・下野《しもつけ》・常陸《ひたち》国分寺などがある。

▼**献物叙位**　寺社の造営や神仏に祈願成就を願うため物品などを寄進し、その功績によって位階を受けること。

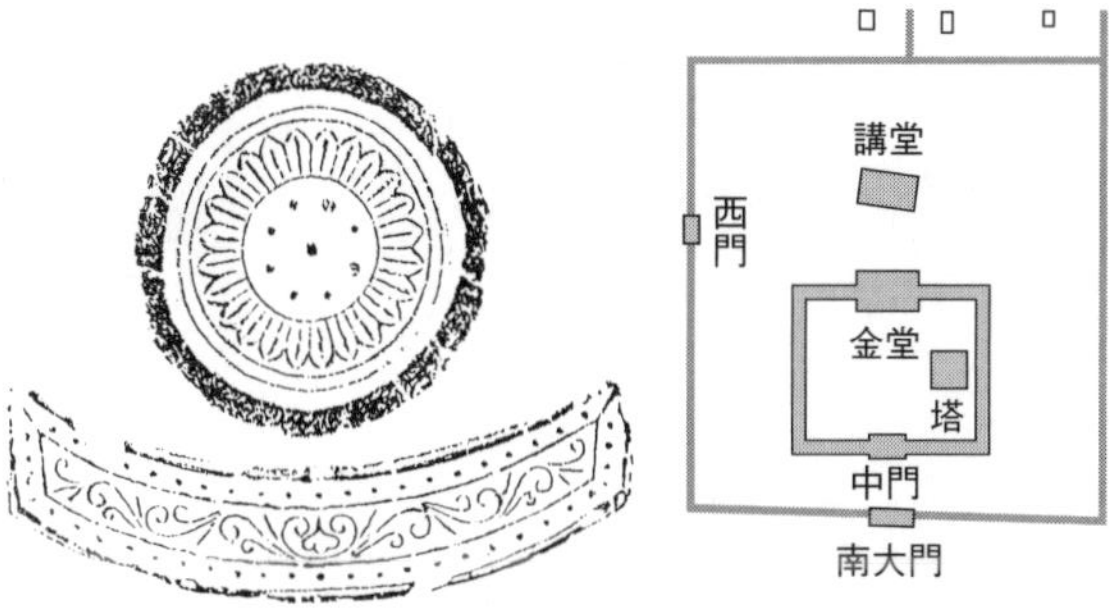

●——**上総国分寺と創建軒瓦**

　また、これらの国分寺のうち、下総・武蔵《むさし》国分寺では全域にわたる発掘調査の結果、塔が先行してつくられていることが判明している。下総国分寺は、その造営方位の違いから僧寺塔・寺域→尼寺寺域→僧寺金堂・講堂→尼寺金堂・講堂の順に、武蔵国分寺では僧寺塔・寺域→主要伽藍・寺域拡張→尼寺造営の順に造営されたとわかっている。こうした国分寺造営における塔造営期と伽藍整備期の二時期の造営実態は、「国分寺建立の詔」の成立過程を探る上でも重要な問題を提起している。

　また、国分寺で用いられた瓦も、平城宮式の瓦当文様と独自に発展した在地型の瓦当文様をもつものに分かれる。こうした違いが、ただちに政府の援助の濃淡を示すとはいえないが、伽藍配置とあわせて何を意味するのか解明しなければならない。なお、国分寺に使用された平城宮式軒瓦は八世紀第Ⅱ・Ⅲ四半期のものであり、その造営時期を示す重要な手がかりとなっている。

　鎮護国家をめざした国分寺体制という国家仏教化政策も、律令政府の意気込みとは裏腹に、その造営過程が示すように結局、在地の郡司層の協力を得なければ成し遂げられなかったのである。律令国家における中央と地方の実態はい

●相模国分寺と創建軒瓦

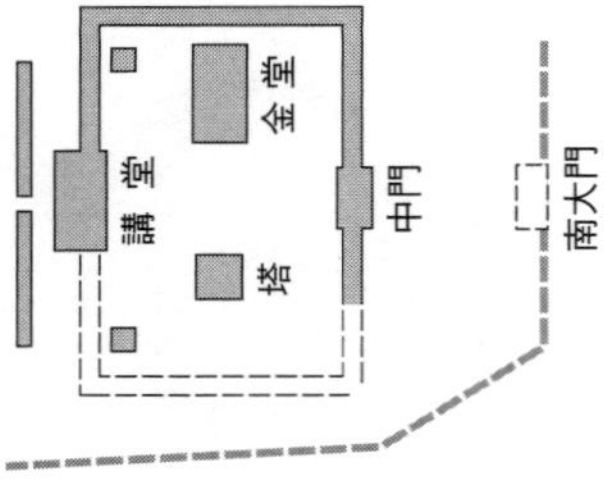

かなるものであったのか、改めて問い直す必要があろう。

農村につくられた寺

律令政府にとって仏教は国を守るという「鎮護国家《ちんごこっか》」のイデオロギーであり、寺院や仏像はそれを具現化する荘厳な舞台装置であった。一方、民衆にとって仏教とは寺院とは何であったのであろうか。京内の数多くの寺院から流れる読経や鐘の音をどのように聞いていたのであろうか。『日本霊異記《にほんりょういき》』の幾つかの説話にも、民衆と信仰・寺との関係を垣間見ることができるが、実際のところはよくわからない。

しかし、行基の布教活動にみられる民衆教化は、確実に民衆の中に仏教の教えが浸透していることを物語っている。それは行基の足跡とともに、京内だけでなく山背・河内・摂津・和泉の畿内各地に広がっていった。「和尚《おしょう》の来《きた》ること聞けば巷《ちまた》に居人なく、争い来たりて礼拝《らいはい》す」と評されたように、民衆が惹きつけられた行基の教えとは何であったのであろうか。橋を架け、道を直し、池や溝を掘り、布施屋《ふせや》▲や寺をつくるといった造寺活動は、民衆救済の教えに基づ

▼**布施屋**　調・庸や資材の運搬者、労役に服する旅人などを宿泊させる施設。

●──農村につくられた寺(八・九世紀)

加良部集落(千葉県成田市)

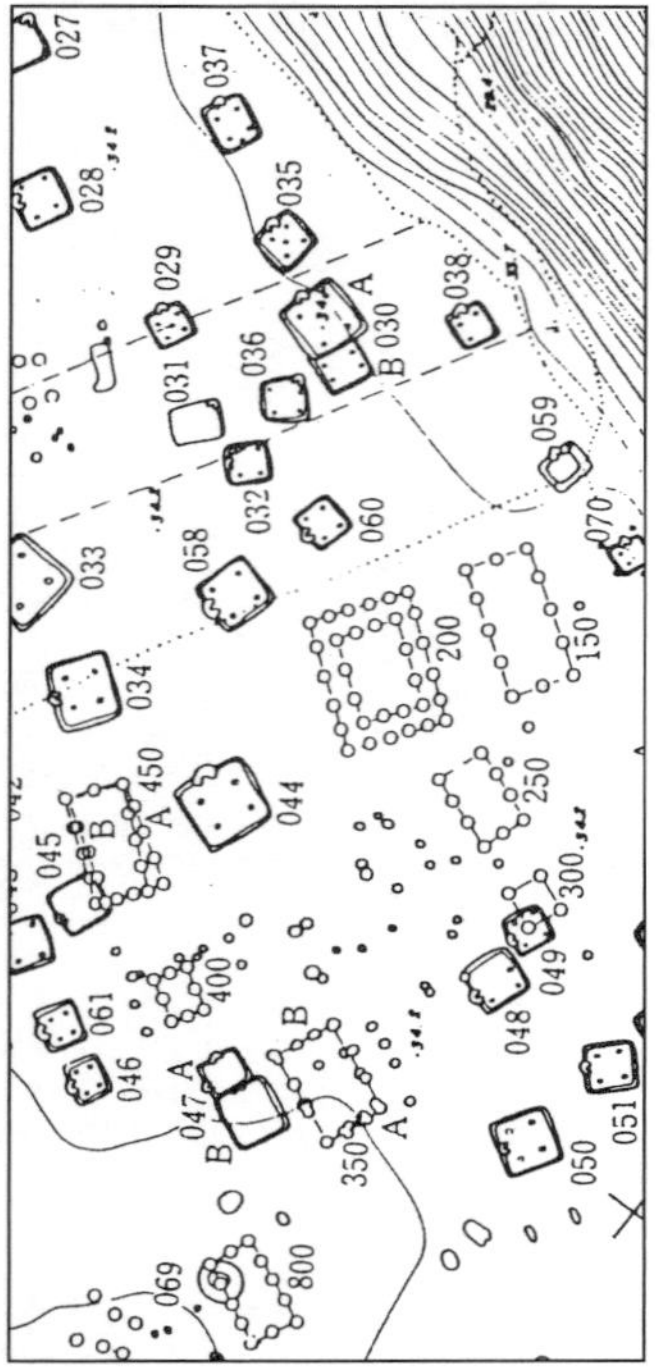

いていた。民衆の善業の知識の結果が現世《げんせ》利益《りやく》をもたらすという因果応報の教えであったともいえよう。現世の身分や貧富の差にかかわらず、民衆個々人の信仰心によって救われるという思想は、仏教が広がるもう一つの大きな要素であったのである。

こうした民衆のなかの仏教は、京内や畿内から遠く離れた東国でも確実に広がっていた。それを証明するのは近年、発掘された奈良・平安時代の集落遺跡から検出される村落内寺院《そんらくないじいん》の存在である。上総・下総を中心に相模・常陸・陸奥南部の各地の集落でみつかっている。瓦葺ではなく掘建柱建物の寺で、一堂形式あるいは双堂形式で、簡単な施設を伴なう。時期は八世紀後半から九世紀の集落に出現する。村落内寺院からは、瓦塔《がとう》、瓦鉢《がはち》・香炉《こうろ》などの仏具や寺名・僧名などを示す墨書土器が出土している。

ここでは、千葉県成田市で発掘された公津原《こうづはら》遺跡群にある加良部《からべ》集落と山口《やまぐち》集落の村落内寺院を紹介してみよう。公津原遺跡群は、律令制下の下総国埴生《はにゅう》郡玉作《たまつくり》郷にあたる。埴生郡は東国の初期寺院の一つ龍角寺がつくられた東国の先進地域である。両集落とも印旛沼東岸の標高三〇メートル前後の下総台地上に位置する。

　加良部集落は竪穴住居が一三四軒を数え、八世紀前半から九世紀末まで存続した集落である。その集落の中心部に一四棟の掘建柱建物がつくられている。それらの主要な建物は、桁行三間・梁間三間の身舎《もや》に四面庇をもつ東西建物とその前面にほぼ柱筋《はしらすじ》してつくられた桁行四間・梁間二間の建物である。この周囲に約半数近い竪穴住居と掘建柱建物が集中する。遺物には瓦塔・瓦鉢・多数の灯明皿《とうみょうざら》とともに、「新寺」「忍保寺」「大寺」「寺」の墨書土器が出土する。この村落内寺院が「忍保寺」と呼ばれていたことがわかる。また、寺院が形成された時期は八世紀末から九世紀の中頃と推定されている。

　山口集落は加良部集落から東南へ約一・八キロの地点に形成されている。集落は竪穴住居五四軒、掘建柱建物九棟で構成され、多くの鍛冶《かじ》遺構などもみつかっている。時期は八世紀中頃から九世紀後半まで存続している。仏堂とみられる主要な掘建柱建物は三棟あり、寺の位置が変わっていることも考えられる。うち一棟は加良部集落でみられるような双堂風の建物配置となっている。また、桁行七間・梁間二間の長大な南北棟建物もあり、寺に付属する施設であろう。

●—墨書土器

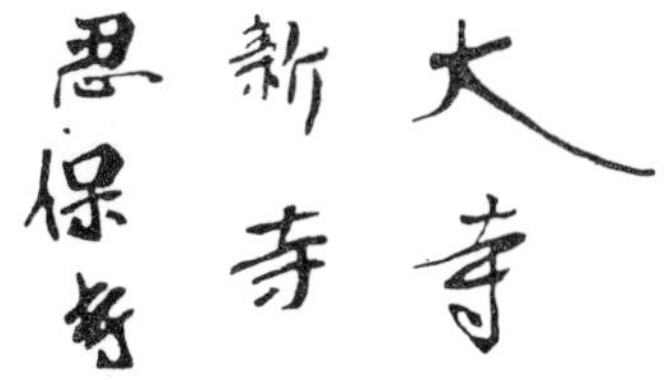

「寺成」

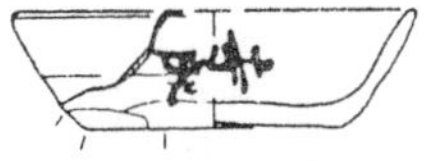

「忠寺」

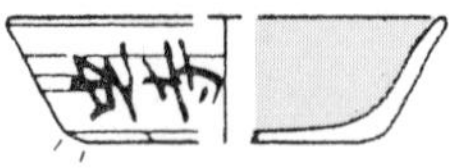

寺に隣接した八世紀末の竪穴住居からは、「延忠」「忠寺」「寺成」「仏」などの墨書土器が多数出土している。瓦塔・瓦鉢・灯明皿などの仏教関連遺物も出土する。

こうした村落内寺院の出現の契機は、七四三（天平十五）年「墾田永代私財法《こんでんえいたいしざいほう》」の発布で、それ以降、郡司層や寺院の田畑の開拓にともなって村落内に寺がつくられたものと考えられている。遊行僧《ゆぎょうそう》や菩薩僧《ぼさつそう》と呼ばれる僧侶が村々を廻りながら招福除災や因果応報を説き、現世利益や勧農《かんのう》政策を奨めたと想定されている。

村落内寺院の成立は、ただちに中世仏教につながるものではないが、確実に民衆の信仰の対象として受け入れられた姿を示しているのである。

▼**墾田永代私財法**　七四三（天平十五）年に発布された墾田法。開墾田を収公せず私財とする法。もともと土地の開発を促進させる方策であったが、土地公有化の原則を崩し、のちに貴族社寺の大土地所有を生み出し、荘園が発達する契機となる。

1960年
奈良国立文化財研究所飛鳥資料館『山田寺展』1981年
奈良国立文化財研究所飛鳥資料館『飛鳥寺』1986年
西岡常一『法隆寺』草思社, 1980年
八賀晋「地方寺院の成立と歴史的背景」『考古学研究』20－1（通巻77号）, 1973年
福山敏男『日本建築史研究』正・続, 墨水書房, 1968・71年
福山敏男『奈良朝寺院の研究』綜芸舎, 1978年
前田泰治ほか『東大寺・大仏と大仏殿』（奈良の寺 14巻）岩波書店, 1993年
町田章編『古代の宮殿と寺院』（古代史復元 8巻）講談社, 1989年
村田治郎『法隆寺の研究史』（村田治郎著作集２）中央公論美術出版, 1987年
森郁夫『日本古代寺院造営の研究』法政大学出版局, 1998年

③古代瓦に関するもの

上原真人『瓦を読む』（歴史発掘 11巻）講談社, 1997年
大脇潔「飛鳥時代初期の同笵軒丸瓦」『古代』97号, 1994年
鬼頭清明「法隆寺の庄倉と軒瓦の分布」『古代研究』11巻, 1977年
国際古代史シンポジウム実行委員会『飛鳥・白鳳時代の諸問題Ⅰ・Ⅱ』1996年
帝塚山大学考古学研究所歴史考古学研究会・古代の土器研究会編『飛鳥・白鳳の瓦と土器』1999年
東海埋蔵文化財研究会編『古代仏教東へ ── 寺と窯』Ⅰ寺院編, 1992年
奈良国立博物館『飛鳥白鳳の古瓦』東京美術, 1970年
奈良国立文化財研究所『古代瓦研究Ⅰ』2000年
花谷浩「出土古瓦よりみた本薬師寺堂塔の造営と平城移転について」『展望考古学』1995年
花谷浩「飛鳥寺・豊浦寺創建瓦」『古代瓦研究Ⅰ』2000年
埋蔵文化財研究会『古代寺院の成立とその背景』1997年
森郁夫『日本の古代瓦』雄山閣, 1991年
森郁夫『瓦』（ものと人間の文化史100）法政大学出版局, 2001年

●── **写真提供者**（敬称略, 五十音順）
桑原英文 p.95上／田中眞知郎 p.5, 95下／奈良文化財研究所 カバー表, カバー裏, 扉, p.16, 34, 56／堀越知道 p.62
製図：曾根田栄夫　　イラスト：橋本哲

●―参考文献

①仏教史・古代史全般に関するもの

井上薫『奈良朝仏教史の研究』吉川弘文館, 1966年
井上光貞・門脇禎二編『古代を考える・飛鳥』吉川弘文館, 1987年
熊谷公男『大王から天皇へ』(日本の歴史 03巻)講談社, 2001年
栄原永遠男『天平の時代』(日本の歴史 4巻)集英社, 1991年
千葉県史料研究財団編『千葉県の歴史』資料編考古3, 1998年
直木孝次郎編『古代を考える・奈良』吉川弘文館, 1985年
中井真孝『日本古代の仏教と民衆』評論社, 1973年
早川庄八『律令国家』(日本の歴史 4巻)小学館, 1974年
速水侑『日本仏教史・古代』吉川弘文館, 1986年
黛弘道編『古代を考える・蘇我氏と古代国家』吉川弘文館, 1991年
町田章・鬼頭清明編『新版古代の日本 6・近畿Ⅱ』角川書店, 1991年
吉田孝『古代国家の歩み』(大系日本の歴史 3)小学館, 1988年
吉村武彦『古代王権の展開』(日本の歴史 3巻)集英社, 1991年
渡辺晃宏『平城京と木簡の世紀』(日本の歴史 04巻)講談社, 2001年

②寺院に関するもの

太田博太郎『南都七大寺の歴史と年表』岩波書店, 1979年
小笠原好彦ほか『近江の古代寺院』真陽社, 1989年
岡本東三『東国の古代寺院と瓦』吉川弘文館, 1996年
小澤毅「吉備池廃寺の発掘調査」『仏教藝術』235号, 毎日新聞社, 1997年
香取忠彦『奈良の大仏』草思社, 1981年
狩野久編『古代を考える・古代寺院』吉川弘文館, 1999年
関東古瓦研究会編『聖武天皇と国分寺』雄山閣, 1998年
坂詰秀一編『論争・学説日本の考古学 6　歴史時代』雄山閣, 1987年
須田勉「東国における双堂建築の出現」『國士舘史学』9号, 2001年
帝塚山大学考古学研究所『吉備池廃寺をめぐって』1998年
坪井清足『飛鳥の寺と国分寺』(古代日本を発掘する 2巻)岩波書店, 1985年
東野治之「論争と史実」『古代史の論点』6巻, 小学館, 1999年
奈良国立文化財研究所『飛鳥寺発掘報告』(奈良国立文化財研究所学報 5)1958年
奈良国立文化財研究所『川原寺発掘報告』(奈良国立文化財研究所学報 9)

日本史リブレット17

古代《こだい》寺院《じいん》の成立《せいりつ》と展開《てんかい》

2002年1月21日　1版1刷　発行
2019年12月20日　1版7刷　発行

著者：岡本東三《おかもととうぞう》

発行者：野澤伸平

発行所：株式会社 山川出版社

〒101－0047　東京都千代田区内神田1－13－13
電話　03(3293)8131(営業)
電話　03(3293)8135(編集)
https://www.yamakawa.co.jp/
振替　00120-9-43993

印刷所：明和印刷株式会社

製本所：株式会社 ブロケード

装幀：菊地信義

© Tōzō Okamoto 2002
Printed in Japan ISBN 978-4-634-54170-2
・造本には十分注意しておりますが，万一，乱丁・落丁本などが
ございましたら，小社営業部宛にお送り下さい。
送料小社負担にてお取替えいたします。
・定価はカバーに表示してあります。

日本史リブレット　第Ⅰ期［68巻］・第Ⅱ期［33巻］　全101巻

1 旧石器時代の社会と文化
2 縄文の豊かさと限界
3 弥生の村
4 古墳とその時代
5 大王と地方豪族
6 藤原京の形成
7 古代都市平城京の世界
8 古代の地方官衙と社会
9 漢字文化の成り立ちと展開
10 平安京の暮らしと行政
11 蝦夷の地と古代国家
12 受領と地方社会
13 出雲国風土記と古代遺跡
14 東アジア世界と古代の日本
15 地下から出土した文字
16 古代・中世の女性と仏教
17 古代寺院の成立と展開
18 都市平泉の遺産
19 中世に国家はあったか
20 中世の家と性
21 武家の古都、鎌倉
22 中世の天皇観
23 環境歴史学とはなにか
24 武士と荘園支配
25 中世のみちと都市
26 戦国時代、村と町のかたち
27 破産者たちの中世
28 境界をまたぐ人びと
29 石造物が語る中世職能集団
30 中世の日記の世界
31 板碑と石塔の祈り
32 中世の神と仏
33 中世社会と現代
34 秀吉の朝鮮侵略
35 町屋と町並み
36 江戸幕府と朝廷
37 キリシタン禁制と民衆の宗教
38 慶安の触書は出されたか
39 近世村人のライフサイクル
40 都市大坂と非人
41 対馬からみた日朝関係
42 琉球の王権とグスク
43 琉球と日本・中国
44 描かれた近世都市
45 武家奉公人と労働社会
46 天文方と陰陽道
47 海の道、川の道
48 近世の三大改革
49 八州廻りと博徒
50 アイヌ民族の軌跡
51 錦絵を読む
52 草山の語る近世
53 21世紀の「江戸」
54 近代歌謡の軌跡
55 日本近代漫画の誕生
56 海を渡った日本人
57 近代日本とアイヌ社会
58 スポーツと政治
59 近代化の旗手、鉄道
60 情報化と国家・企業
61 民衆宗教と国家神道
62 日本社会保険の成立
63 歴史としての環境問題
64 近代日本の海外学術調査
65 戦争と知識人
66 現代日本と沖縄
67 新安保体制下の日米関係
68 戦後補償から考える日本とアジア
69 遺跡からみた古代の駅家
70 古代の日本と加耶
71 飛鳥の宮と寺
72 古代東国の石碑
73 律令制とはなにか
74 正倉院宝物の世界
75 日宋貿易と「硫黄の道」
76 荘園絵図が語る古代・中世
77 対馬と海峡の中世史
78 中世の書物と学問
79 史料としての猫絵
80 寺社と芸能の中世
81 一揆の世界と法
82 戦国時代の天皇
83 日本史のなかの戦国時代
84 兵と農の分離
85 江戸時代のお触れ
86 江戸時代の神社
87 大名屋敷と江戸遺跡
88 近世商人と市場
89 近世鉱山をささえた人びと
90 「資源繁殖の時代」と日本の漁業
91 江戸の浄瑠璃文化
92 江戸時代の老いと看取り
93 近世の淀川治水
94 日本民俗学の開拓者たち
95 軍用地と都市・民衆
96 感染症の近代史
97 陵墓と文化財の近代
98 徳富蘇峰と大日本言論報国会
99 労働力動員と強制連行
100 科学技術政策
101 占領・復興期の日米関係